おてっちき

鹿児島おはら節

林 竜一郎

片頬三年
から
腹ん皮がよじるっ
ずい

目次

イラストデザイン　三浦　円香
表紙カバーデザイン　永田小夜子

刊行に寄せて（序文）

本書はまさに題名通りの本である。

読者は、おてっちき（思う存分）「鹿児島おはら節」の世界を楽しむことができる。腹ん皮がよじ切るっごと痛快に感じるのは私だけではあるまい。

著者は、三味線やゴッタンに合わせて歌うのが大好きだったという薩摩おごじょの、母親の血を受け継いでおられるようだ。「百姓たちは太鼓・三味線を背負《かろ》うて逃散している」「ゴッタンが中国雲南省の古弾（グータン）に由来する」など、著者ならではの知見が随所に見られるのが本書の魅力の一つだが、同時に、すぐれた鹿児島の歴史・民俗・芸能文化史となっている。

私も太鼓《てこ》・三味線《しゃんせん》なしには鹿児島の文化は語れないと思う。百を優に超えるという「おはら節」の歌詞は、先人たちの精神文化の豊かさを伝えている。ここには、歌い、踊り、歩き、紡いできた庶民の姿が生き生きと描かれている。本書には「嫁じょおっとい」などの奇習も紹介されているが、その他にも、イモ焼酎・寒天・黒酢・たかんばっちょ（笠）・薩摩黄楊櫛《つげぐし》などの話題が次々と登場する。これほど郷土色豊かな本はあるまい。

鹿児島には、頓知話の「日当山侏儒どん」や、ちょっと軽はずみなボッケモン「大石兵六物語」、幕末稀代の吝嗇家《りんしょくか》（ケチンボ）「日高山伏物語」など、郷土色豊かな作品があった。（日高山伏は天保の財政改革を支えた理財家と見ることもできる）明治になって薩摩狂句も登場した。

いずれもユーモアたっぷり。強きを挫き弱きを助ける反権力・反骨精神に貫かれたものである。ペーソスも感じられるが、底抜けの明るさにケセン（シナモン）のような爽快さがある。「ケスイボ（いたずら者）」「テンガラモン（お利口さん）」なども鹿児島人の性格をよく表現している。

本書の扱う時代は、天孫降臨から、源氏物語、枕草子、徒然草、そしてシェークスピアの古典まで連なっている。また、紹介されている詩の鑑賞法は、著者の専門分野である。

「大根畑でゲンネことしゃんな（恥ずかしいことをしなさんな）」の歌詞は、聞いている方まで恥ずかしくなる。しかし、元県立図書館長で児童文学作家として有名な椋鳩十先生の全集第一巻は、「一反木綿」のような艶話ばかり集めているし、また、海音寺潮五郎先生の「二本の銀杏」は、伊佐地方の夜這い風習が前提になっている。艶話も大事な大事な庶民の文化なのである。

「花は霧島、煙草は国分」で始まる「おはら節」の主舞台は、今の霧島市なのだろう。昔から伝わる庶民芸能の裾野の広さがあるからこそ、国際的に高レベルの「霧島国際音楽祭」という最高峰を二〇年以上支えてきたとも言える。

国分煙草は島津義久が奨励し、江戸後期には全国ブランドになった。キリシマツツジ（映山紅）は、妻お龍と高千穂峰登山をした坂本龍馬が姉乙女にあてた手紙に出てくる。このとき二人が目にした花も映山紅であったであろう。

同じ花が能登ツツジとして古くから愛好されていることは、

北前船による北と南の盛んな交流を物語っている。ケラマツツジが沖縄から伝わったように、歌や踊りも黒潮の流れに乗って（「波乗りリズム」と呼ばれている）、沖縄のカチャーシー、奄美の六調、天草の牛深ハイヤ、佐渡おけさ、津軽あいや節と繋がっている。

著者がおはら節の源流の一つと見る「越中おわら節」の盆踊りも北から南の伝搬例ということになる。「おはら節」によって、鹿児島には全国津々浦々と交流があったことが分かる。アイヌ語の「ウポポイ」は、大勢で歌うことであるが、私は「おはら節」に通じるものを感じている。

歴史を振り返れば、新型コロナの渦の中でも新しい生活様式をエンジョイできる知見が見つかるかもしれない。

著者の所属する「かごしま文芸研」が、郷土の文化振興に貢献されることを願いながら本書の刊行を喜びたい。

志學館大学教授・鹿児島県文化協会会長
原口　泉

はしがき

【片頬三年から、腹ん皮が捩《よじ》るっずい】

鹿児島を代表する民謡「おはら節」。正確な史料の裏付けが無いために、成立時期は推測するしかないのですが、おそらく江戸時代の末期から、明治・大正・昭和の時代をかけめぐる歌詞が多いなと見ています。

「おはら節」の歌詞をてがかりに、鹿児島の風土を想像する旅を始めましょう。数々の歌に、人々はどのような景色を見、どのような願いをこめて歌っていたのでしょうか。

それにしても「歌は世につれ世は歌につれ」とは良く言ったものです。流行歌だからこそ、その時代に生きた人々の貌や、今とは異なる昔日の風景が見えてきそうです。

「おてっちき」は、「たくさん」とか「おなかいっぱい」の意味合いで使います。「おてっちき」歌詞をたぐっていくうちに、学校で習ったものとは様子の違う、思いがけない歴史の一面を発見することもありそうです。

ところで、「片頬三年＝かたふ三年」という言い方があります。三年に一度、片っぽの頬でちょいと笑うくらいにしろという鹿児島の武士達が伝える教えだそうです。

その一方で、もうおもしろおかしくて、腹を抱え笑い苦しむさまを「腹の皮がよじれる＝はらんかわがよじるっ」と、表現します。

以下、拙稿でありますが「片頬三年」だったり「腹ん皮がよじるっ」だったりでお楽しみ頂ければ幸いです。

#【おはら節のルーツ考】

花は霧島
煙草は国分
燃えて上がるは
おはらハア　桜島
ハァ　ヨイヨイ　ヨイヤサー

毎年十一月三日の「文化の日」、おはら祭りが開催されます。県民の戦後復興を精神的に支えてきました。地域や職場や学校など、気の合う仲間で踊り連を作って練習を重ね当日に備えます。誰もが気軽に参加できる祭りです。

おはら節の歌詞は、百を優に超えるとも言われます。最初ですから、まず「名所名物尽くし」の歌からの紹介しましょう。これはとってもポピュラー、県民のだれもが知っています。一曲を歌い終えると、ヨイヨイヨイヤサーと合いの手が入り、ジャンカジャンジャンカジャンと、お囃子《はやし》が続いて次の曲へ誘う。そういう流れです。

〈おはらハァ〉の前と後ろの関係に注目しましょう。

花はと問えば
それは霧島ツツジでしょう
煙草はと問えば
それは国分煙草でしょう

燃えてあがるは
おはらハァ
さてなんでしょう?
ズバリ、
桜島でしょう

そうです、問いと答えの関係になっていますよね。

・訊かれたら考えたくなる
・問われれば答えたくなる

人間の性と言いますか、宿命です。でも、即答は無理という方々のために、「おはらハァ」とひと呼吸を置きます。短いけれど、答えるまでの間合いです。

うまいこと答えが浮かんだら「ラッキー」。

粋な回答に及ばなかった・考え付かなかった残念な面々は、「あ、そうかぁ」「なるほどねぇ」とくやしがりつつも、「お次をどうぞ」と促すお囃子《はやし》に「今度こそは」と、オモワズ身を乗り出す・・・。そういう仕組みと仕掛けになっているのです。

ですから、

・おはらハァの前後が、問いと答えの関係になっている

本霧島(映山紅)

前夜祭の花電車

・おはらハァが、考えるための間合いになっている

この二つを、大事なポイントとして押さえておきましょう。

おはら節のルーツ（起源・由来）には諸説あります。

最も有力とされているのが、17世紀初め島津家久公が琉球支配に出兵した際、都城安久から参戦した兵士達が、船旅の不安を払拭し、互いに士気を鼓舞するために歌った「安久節《やっさぶし》」が原型であり、これを習い覚えた鹿児島原良の兵士達が「原良節」と名付けて流行させ、頭に「小」の文字を付けて「小原節」となったという説です。甲突川河畔にある「おはら節」の碑にも、そのように書かれています。

私は、舟運を介して様々な交流があったという「海洋史観」への興味から、少数派ですが、「越中おわら節」由来説も注目すべきではないかと考えています。そこで、次のように、「おはら節」ルーツを考えてみました。

原良町内会の踊り連

《おはら節のルーツを考えてみた》

■「越中おわら節」は、越中富山の八尾（やつお）に、300年ほど前から伝えられる「おわら風の盆」という祭りで歌われます。今も時期になると、全国から大勢の観光客が集まります。

しっとりとした歌に合わせる三味線と胡弓のメロディ、鳥追笠の優雅な踊りが観る者を魅了します。ある町が披露する男女一対の伝統の舞いには、思わずひきつけられてしまう色香を感じました。三日三晩続く祭りいう庶民の文化。それが持つ凄さをあらためて思いました。

越中おわら節から受ける感動・おわら風の盆への憧れや評判は、人から人への口伝いだったり歌真似や踊りの真似だったりと、どこかに伝播しようとする強い熱源になったはずです。

さて、昭和生まれの世代だと越中富山と聞けば、薬売りが浮かんできます。子どもの頃、家に来る薬商人を越中どん（えっちゅどん）と呼んでいました。定期的に置き薬の交換に来る越中どんを、楽しみに待つものでした。最後にもらえるおまけが、紙風船とか水に浮かべて樟脳の揮発性で走り出す船とかが、何より一番のお目当てでした。

おとな達にはまた、違った事情もあったようで、その一つが、彼らのもたらす情報でした。越中富山の薬売りは、何といっても全国にネットワークを張る組織です。江戸時代、「お伊勢参り」や「熊野詣で」など一部の事情を除いて人々が自由にあちこちと旅をする自由はありませんでした。薬売りや修験者など、全国を自由に行き来する枠外の存在は、欠かせない情報源としてどこの村でも大事に迎えられたのです。

通信手段が少なかった時代、人々は遠い土地の話題や即時性のある世間話に一喜一憂したことでしょう。

越中どんの側にしても、薩摩の国と濃い関係を結んでおく必要がありました。ご存知のように、越中富山は製薬業が盛んです。越中どんには、薩摩が支配する琉球貿易（歴史では薩摩口と呼ぶ）によって中国から運び込まれる漢方薬を仕入れるという、大事な役目がありました。朝鮮から運ばれる「朝鮮人参」を北海道産の昆布と交易するのも、薩摩各地の港が舞台でした。公的にも私的にも、越中どん達は薩摩の人々と強い信頼関係を築く努力を、命じられていたに違いありません。「薩摩組」という名称まで付いていたそうです。

彼らが、得意先の家々を訪ねて回ります。薬を扱うからには、人々の命や健康に関わる悩みも相談されたことでしょう。専門の知識と経験から、越中どんは、的確なアドバイスができたはずです。

経済的に苦しい家には、「じゃあ、次うかがう時に」と、安心させる言葉をかけられました。言い換えれば、巨大ネットを背景にした交渉上の裁量・余裕がひとりひとりの越中どんにあったのです。一説には、厳しい取り締まりを受けていた禁断の「念仏講」を陰で支えた越中どんさえいたそうです。

彼らの誠実で温かい姿勢こそが、薩摩の国で長い間商売を続けられる武器でありました。そしてもう一つ、人々を魅了し心をつかんで離さない巧みな話術も、武器と認識して良いのではないかと思います。

人々が熱心に聞き入る話題の一つに、「越中おわら節」や「風の盆」もあったのではないかと、考えます。商売とは言え、彼らも故郷を遠く離れて来ています。妻子はどうしているだろうか、親兄弟は元気だろうか、次はいつ故郷に帰れるのか・・・。

忍び難い郷愁が胸をよぎる毎日だったことでしよう。けれど、彼らは筋金入りの商人ですから、普段ならば常に笑顔を絶やさないのですが、心から許し合えるほどに親密な客を相手にしたときや、特に居心地の良い集落などでは、苦しい胸の内を正直に明かすことがあったかも知れません。

越中どんが、いつものように道中諸国の話を始めます。が、そのうち故郷の話題になり、自然のなりゆきとして、ふっと「越中おわら節」を懐かしく歌いだします。何番かを歌ううち、郷愁のあまり涙がとまらなくなってしまいました。

すると、彼が口ずさむ歌詞とメロディを聴きながら、即興で真似て歌いだす村の芸達者がいたはずです。後の項でも触れることになりますが、娯楽の少ない時代にあっても、人々は自ら演奏し自ら踊ることで、楽しく愉快な時間を作り出す力を持っていました。村に高価な三味線はなくても、手作りの板張りの「ゴッタン」ならありました。

越中どんを慰め励ますために、ゴッタンの響きに合わせ、親しみをこめて歌ううち、「越中おわら節」がだんだんと広がり、あちらこちらの村で流行するようになります。

流行という現象の常として、やがて、南国独特の音階やリズムを加えた地元バージョンの曲調が生み出されます。皆で歌って踊って楽しんでいるうち、さまざまな歌詞も次から次へと生まれて行く・・・。

「鹿児島おはら節」のはじまりに、こんな物語はいかがでしょうか。■

《船が運んだ「牛深ハイヤ節」》

しっとりとした調子でゆっくり歌い上げる「越中おわら節」と違い、「鹿児島おはら節」の華やいだ賑やかな調子には、南国特有の風土を感じます。

鹿児島から「鰹節」など南海の海産物や「唐物」を載せていく船が、天草の船乗りたちに導かれて九州西海岸を北上し、博多から対馬海流に乗って長門・浜田・境港・舞鶴・敦賀・能登・富山・新潟・酒田・津軽十三湊など、日本海側の港々に天草民謡「牛深ハイヤ節」を伝えました。

雪深い北国の暮らしの中で、賑やかな「ハイヤ節」への強い憧れが「津軽アイヤ節」や「越中おわら節」などを生むルーツとなった

いづろ通り付近

そうです。

海を通じての文化伝播の波は、今わたし達が想像する以上のエネルギーだったようで、時代を経て、今度は逆向きに昆布など北の海産物と一緒に南下を始めます。はるばる南の果てにやって来て「鹿児島おはら節」を生み出したのではないか。そういう可能性を感じる次第です。

さらに、ジャンカジャンジャンカジャンというアップテンポの調子が、戦争の後、荒廃した首都東京の復興を期して「東京音頭」に採用され、楽しく歌い踊られていることと知って、これまたびっくり。南の文化が、またまた北の方へ伝播していったのですね。

《三味線のルーツ「ゴッタン」》

ゴッタンは南九州に古くから伝わる三弦の楽器です。音を響かせる「胴」の部分が板張りになっています。ゴッタンは三味線のルーツとも言われています。照葉樹文化として日本との相似を指摘される雲南省に「古弾」という三弦の楽器があります。グータンです。

板張りのグータンが琉球に伝わりました。琉球・奄美ではニシキ蛇の皮で張られ、三線（さんしん）と呼ばれ、本土では「ネコ」の皮で三味線（しゃみせん）になりました。

琉球・奄美・鹿児島は、海を通して「宋」「元」「明」「清」など、中国歴代の国々と宗教や文化の交流を盛んに行ってきました。「唐物取引」と呼ばれる古くからの交易です。そうした歴史があったことの証《あかし》として、楽器グータンの響きが、ゴッタンという言い方・音として残ったのではないかと考えます。

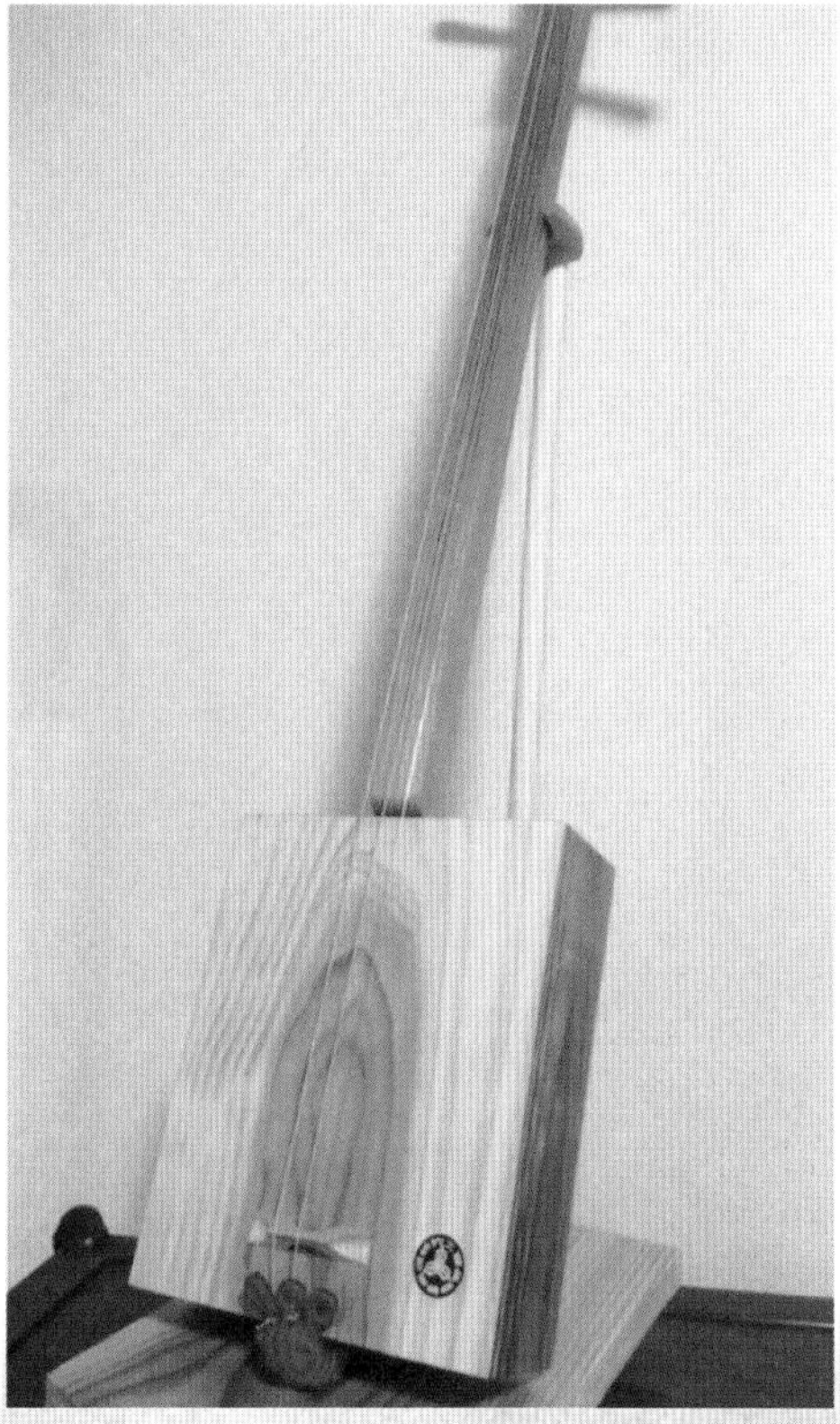
ゴッタン

さたP

【霧島の茶の話】

みんな見やんせ
霧島山を
雲《くも》と霞《かすみ》で
おはらハァ　覆《お》い被《かぶ》る
みなさんご覧下さい
霧島の山並みを
雲と霞が
山をすっかり覆っています

《岡倉天心著「THE BOOK OF TEA」》

霧島山は、誰もが知る「霧島茶」の産地です。おはら節が歌う「霧島山」は、その名の如くで、霧の漂う「シマ＝土地」。つまり、雲と霞で山並みがすっぽり覆われる気候・風土で、それは茶葉の生育に最適なのだそうです。

明治時代、岡倉天心著「THE BOOK OF TEA」が世に出ました。西洋の知識人を相手どって日本の「茶の文化」を英語で紹介するという意欲作でした。

その和訳が「茶の本」、よく知られていますよね。これをテキストにしながら、お茶の歴史をざっくりと紹介します。（ただ、BOOK の意味については「本」というより、「きまり」「作法」と理解するべきと思います。）

《団茶・抹茶・煎茶》

まず4・5世紀ごろに、中国の揚子江流域で「団茶」が流行します。これは、茶葉をすりつぶして米や生姜や蜜柑の皮などと混ぜ込んで作った団子を煮こんで飲むというスタイルです。

やや時代が下がって「唐」の時代になると、遣唐使の交流によって「団茶」も日本に持ち込まれました。ただ、他の文物と同様に、やはり特に高い身分の貴族や僧侶など、ごくごく限られた人達の飲み物であったようです。

次は11世紀「宋」の時代、「抹茶」が流行します。石臼で茶葉を粉にひき、お湯を入れてかき混ぜて飲むスタイルです。

これが平安から鎌倉に至る時代、禅宗の僧侶たちによって日本に伝わります。当時は、平清盛を筆頭に「日宋貿易」と呼ばれる交易が盛んに行われた時代でした。特に「南宋」の文人文化は、お茶にとどまらず書や絵画・建築・作庭など、貴族に取って代わった武士達の美意識に多大な影響を与えました。国内での茶葉の栽培もこの頃に始まります。

続く「元」「明」の時代には、日中間の正式国交が下火になったこともあり、「抹茶」の作法は日本国内でゆっくりと時間をかけ、独特の発展を遂げます。この作法を、究極の段階「茶道」に仕上げた人物が千利休です。表千家・裏千家の由来であることは周知の通りです。

注：ところで、当時を代表する鹿児島の茶人となると、やっぱり島津の頭領達ではないでしょうか。

貴久公とその息子たち。九州を席巻した、義久公・義弘公・歳久公・家久公の四兄弟の時代とちょうど重なります。

秀吉公に要請され、朝鮮に出兵した武将達は、朝鮮から陶工を多数連れ帰り、それぞれの領国での作陶を命じます。「薩摩焼」の四百年を越える歴史も、こうした時代に始まります。

最後は「明」「清」の時代。中国では「煎茶」が流行し始めます。茶葉を炒っていったん乾燥させ、お湯を注ぎ入れ急須で淹して飲むスタイルです。

これが中国流の「茶道」となり現在に至ります。この過程でウーロン茶・紅茶・プーアール茶なども生まれました。

《世界の歴史を「茶」が変えた》

角山栄著「茶の世界史」（中公新書）を読むと、「一六世紀にインド・アジア航路をたどって日本にやって来たポルトガル・スペイン・オランダ・イギリスの商人や船員・宣教師達が、日本の茶の湯に魅せられて、豊かな日本文化に畏敬と憧憬の心を抱くようになった。」と書いています。また、茶葉はヨーロッパとの出会い以降、まるで通貨のように世界を駆け巡る宿命を負ったとも書かれます。

ヨーロッパでは、紅茶と砂糖がセットになります。砂糖を生産するための「人身売買＝奴隷貿易」の契機となり、アフリカや中南米・アジアの長い「暗黒時代」が始まります。

輸入する紅茶に対する高額な税金が発端となった「アメリカ独立戦争」。イギリス東インド会社の銀・茶葉・綿布に関わるインド・中国の三角貿易に、強引なアヘン取引がからまって「アヘン戦争」が仕組まれ、やがて、清朝の滅亡につながりました。

このように、地球のあらゆる大陸や島々の人々を巻き込み、「茶葉の交易」が世界史を塗りかえていったとも言えるのです。

《「るすん壺」の真実》

戦国時代「茶の湯」に思想性や芸術性を求めた日本の武士達は、戦功への褒賞として、例えば織田信長公から名品と呼ばれる茶道具をもらうことを何より切望したといいます。ひとつの領国よりひとつの茶器が価値を持った、そんな時代だったのです。

信長公の茶器を利用した人心掌握の方法。これを学んだ羽柴秀吉公は、権力を握ると、さっそく貿易統制に向けて動き出します。

一例をあげると、彼はフィリッピンのマニラから運ばれるルソン壺の独占を企てます。茶人達の見立てによって、ルソン壺はたいへんな名品・高額の茶道具として一世を風靡していました。けれど、元々生活雑器ですので、現地では廉価で簡単に入手できる壺です。それが日本に渡ると、上級武士の年間所得に匹敵するほどの値が付いたそうです。

ルソン壺を高額で転売すれば莫大な富を生みます。新しく配下となった武将に「とびっきりの褒賞」として与えることもできます。まあ、秀吉公の気持ちも分からないではありませんが、ちょいとばかりみみっちい感じもしますよね。布教と貿易で、日本に滞在していたイエズス会宣教師の記録に、このようなあからさまの独占行為に対する「不快感」がしっかりと残っているのだそうです。

ただし、ルソン壺については、少々込み入った話をする必要があります。秀吉公のこうした行為が、思いがけない顛末に至った事情を、徳川家の末裔である徳川義宣氏（前徳川美術館館長・故人）が詳しく述べている記事に出会ったからです。

一般的に誤解が多いと、彼が指摘するのは、そもそも「大名《だいめい》物《ぶつ》」と呼ばれる高価な壺は、ルソン島で作られたものでもなく、ルソン島から輸入されたものでもないという認識から始まります。つまり、あの高価な茶壷をルソン壺と呼ぶこと自体に、まず重大な誤りがあるというのです。

一九七六年の発掘調査によって、「宋」「元」「明」の時代に広州一帯（今の広東省）の民窯で作られた雑器「四耳壺」こそ、一二世紀から一六世紀に盛んに輸入された、かの「壺」の正体だったことが明らかになりました。ですから、本来ルソン壺でなく「唐物茶壷」と呼ぶべきだという、徳川氏の見解に「なるほどそうだ」と頷くしかありません。

当時この壺は、香辛料や仏教経典や酒などを詰めて運ぶための、いわゆる「コンテナ壺」でした。ですから、日本だけでなく、東南アジア・インド・ペルシャ・アフリカでも同じようなな壺が発見されています。言うまでもなく、東アジア交易の中心地であったルソン島にも持ち込まれたことでしょう。

この時代、日本列島にはこのような壺を作る技術はなかったようです。雑器といえども唐物の壺は、密閉性・保存性・大きさ・軽さ・運びやすさなどあらゆる実用的な面で優れていて、国産の壺に比べ一〇倍以上の値がついて取引されたそうです。

そして、この壺が「茶壺」として使われるようになると、茶人たちの「目利き」が行われます。

陶器としての完成度は、官窯の青磁や白磁に到底及ぶものではありません。しかし、逆にその無造作さが好まれ「粗相の美」と褒め称えられると、「侘び寂び」の価値観の成長にともなって、天井知らずの価格暴騰を引き起こし、「名物《めいぶつ》」「大名物《だいめいぶつ》」と呼ばれたのです。

しかし、「目がくらんでいた」「欲の皮が突っ張っていた」連中が、かのルソン島から「似た様な壺を発見して」持ち帰ったことで、（一時は大ブームとなりますが）結果として「唐物茶壺」全体の値崩れを起こします。

残念ながら、ルソン島では、長らく日常生活で雑器そのものとして使用し続けたため、質も保存状態も劣悪であって、茶器として尊重される条件も評価される条件も全く欠いた「ただの壺」でしかありませんでした。以後の認識としては、ルソン壺＝「劣等品」＝「卑しい壺」となって、人々の心も離れ、茶席からも姿を消したということです。（ぎょうせい「海外視点・日本の歴史9巻」より）

さて、ルソン壺の破片は、鹿児島正八幡神宮の神官家の遺跡や宮内小学校の敷地にあった弥勒寺の跡からも出土します。

神官家は上古から続く豪族です。支配する荘園も広大で、財力も十分だったでしょう。私貿易によってルソン壺を持ち込んだだろうなと、容易に想像できます。すぐ近くに、太守の義久公も義弘公もいるので、秀吉公の命令などあんまり守ってなかった。あるいは、適当にやり過ごしていたのでしょう。

まだまだ、倭寇が終焉する前の時代です。西国の領主達は、博多や堺の商人達と結託して直に親書を交換したり、船を丸ごと借り受ける契約をしたり、自前で船団を組織したりと、世界の商人達と貿易をしていた様子です。その証が「日本人町」の存在でもあることも心に留めておきましょう。

註：「薩摩口」という表現があります。「対馬口」「長崎口」「松前口」と並べられる歴史的な用語で、琉球という窓を通じて南アジアの海に玄関を開いていた歴史と風土を感じる呼び方です。この「口」を通じて、外国との行き来が盛んであったことが近年の研究で注目されています。歴史学習で、私たちは「鎖国」という概念を植え付けられてきました。けれども、「鎖国」という状態ではなかったことが、だんだん証明されるようになったのです。

《霧の島と茶樹》

季節は冬、川内川と大淀川がつながる場所、えびの市から霧島の山々を眺めることにします。

気温と川の水温との差が大きいえびの盆地の気候は、放射冷却が特に強い冬の朝方に、川霧をみごとに湧き上げます。そのうち、この川霧は田畑の地面の冷たさと出会って凍りつきます。凍りついて霜になり、草葉や地面を真っ白に覆います。

一方で、山を上昇していく霧もあります。樹木の蒸散作用による水蒸気が、川霧と一体になって山裾を白く覆いながら漂います。これが「雲海」とよばれる現象です。雲海の上に、霧島連山のそれぞれの頂がぽっかり頭を出し、山々が、まるで海に浮かぶ島々のように見えます。

　みんな見やんせ
　霧島山を
　雲と霞で
　おはらハァ　覆い被る

まさに、この歌の風景です。いつも高千穂を右側に栗野岳を左側に見るのが、鹿児島県に住む私達ですが、こうやって反対の側から霧島連山を眺めるのも「おつなもの」です。

茶畑には湿潤な気候が向いています。お茶は温帯から亜熱帯の相に育つ灌木ですので、冬の霜は大敵なのだそうです。しかし山を覆う霧や霞は、僅かながらも熱を持っていて、茶の木をすっかり覆うことで、霜による被害から守ってくれます。また、霧の細かな水滴が葉の表面にくっつき茶葉を柔らかくするのだそうです。加えて、大きな寒暖差は、茶葉に甘味までプラスするそうですから、まさしく「甘露、甘露」ですね。

茶は照葉樹林に育つ灌木ですから、高さを2～3m程度に剪定して、枝々の若葉を摘むようにすれば、森の中で、本来の自然に近い状態で育てることができます。本場中国の「黄山」山麓、茶の聖地「龍井＝ロンジン」では、このような畑で今もお茶の古木を育てています。歌に出てくる「霧島山」も、その昔、こんな風に茶葉を育て、収穫していたのではないかと、想像しています。

「霧のシマ」霧をまとう湿潤な空気が、おいしい茶葉を育てる。冬場は霧とまわりの樹木がお茶の木を守ってくれる。おはら節の歌に、そういう風景を見ています。

《茶畑に扇風機があるのですけど…》

さて、温暖な気候の鹿児島とは言え、守り役となる樹木相を取っ払い、樹高を低く刈り揃えた茶畑には、冬場に霜が降りてしまいます。ですから茶畑には、今、でっかい扇風機みたいなものがたくさん立ち並んでいます。これは、中空のちょっぴり温かい風を冷えた地面近くに送って、水蒸気が霜になるのを防いだり、茶葉が霜でやられるのを防いだりする、画期的なシステムの送風機なのです。

現在のように、茶葉の摘み取りを機械化するには、樹形を一定の高さ・形に切り揃えなければなりません。低い位置で切り揃えると、地面からの冷却作用を強く受け、霜を浴びやすくなります。ですから、こんなにたくさんの送風機が必要になったのです。

整然と立ち並ぶ送風機、きれいに刈り込まれて整然と、そしてうねうねと続くお茶畑。走る車窓から眺めたときに、リズミカルな直線と曲線の響き合いを生みだします。ひとつの機能美として感じることができます。新しいふるさとの景観として楽しんでいます。

「茶いっぺ、あがいやはんか。」

今も昔も、こうやって茶飲ん話に花が咲く素晴らしい故郷。人と人が互いに「ホッ」と力を抜いてそこに居られる、幸せな時間と空間とお仲間の面々。そういう演出力を持つ、お茶の力・お茶の魅力を感じます。

えびの高原の霧

【鹿児島は石の街】

雨の降らぬのに
草牟田川濁る
伊敷原良の
おはらハァ
化粧の水

みなさんよくご存知の歌詞だと思います。おはら祭りでも必ず歌われます。

ただ、この歌詞については、ある誤解を受けているケースが多いように感じているところです。

実を言いますと、筆者自身も過去に二つの点で間違った解釈をしていて、

「あいたよ、ちょっしもた」

と、言いたくなる記憶が残っています。

ですから今回は、この誤りを解く作業を兼ねながら話を進めたいと考えます。

(もし、同じような思い込みをしていたという方がいらしたら、早めに、そっと、ご修正をなされますように・・・)

《一つ目のちょっしもた》

一つ目は、「ああ、草牟田川のことね」と、疑問を持たずに

さらっと聞き流す誤りです。その結果、
「そむたがわぁ、にごるぅ」
と歌ってしまいます。このことの是非について考えます。なぜ「ちょっしもた」なのでしょう。

意外に思われるかも知れませんが、小学校や中学校で、ふるさと鹿児島の「地理」や「歴史」について学ぶ機会は、それほど多くはありません。高校生になっても、県内の「地理」とか「歴史」とかを詳しく学習する場面はほとんど無いように思います。

ですから、いいおとなになっても、薩摩半島の人は大隅半島の事をあまり知りませんし、反対もまた然り、大隅半島に暮らす人は薩摩半島の市町村事情をあまり知りません。

また「離島」の多いことで知られる鹿児島県ですけれども、よほど積極的な学習の機会がない限り、訪れたことのない島々については、ほぼ知ることのないままでおとなになっていきます。

つまり、自分が生まれ育った市町村以外、「ふるさと鹿児島」の話題について、ほとんど知らないというのが「普通」といった状態なのです。皆さんはいかがでしょうか。

例えば、大学生や社会人になって都会に出たとしましょう。ある日偶然出会った相手が鹿児島県人と分かりました。すると、当然のこと、しばらくの間鹿児島の話題で盛り上がります。けれど、なぜかだんだん「尻つぼみ」の状態、長続きしません。

どういうことかと言いますと、前述したように、お互いの市町村の事情をほとんど知らないからです。同県人だからと、知っているはずだと、そう思って「わが町のとっておきの話題」を振っても、相手はきょとんとしている。逆に、相手の繰り出す話題に、今度は自分が付いていけず、ぽかんとしてしまう。だんだんと気まずくなり、終いには、適当に相槌を打ち合うだけの会話になってしまうパターンがあるわけです。

ここで、皆さんに質問をさせてください。

「雨の降らぬのに草牟田川濁る」

この歌詞のどこが問題なのでしょうか。

私は何を勘違いして「ちょっしもた」と思っているのでしょうか。

結論から言いましょう。

実は「草牟田川」という河川は鹿児島市に無いのです。それなのに、「そむたがわにごる」と、「かわ」に濁点を付けて歌うことに対する疑問（違和感と呼ぶべきか）があるのです。

「草牟田」は、鹿児島市の市街地から国道3号線を少し北に進んだ辺り、城山の搦め手側に広がる小高い台地です。新上橋や玉江橋など、かつて五石橋があった甲突川を眼下に臨みます。地図で調べても、地形から考えても、この地に「草牟田川」は存在しません。

「川内川《せんだいがわ》」「天降川《あもりがわ》」「肝属川《きもつきがわ》」のように、実在の固有名称である「川」の発音は「がわ」と、概ね濁音になります。しかし、固有名称ではない「草牟田川」をどのように読むべきでしょうか。

私は、文節に分けて読むのはどうかと思います。

文節とは、文の構成を竹の節のようにイメージする考え方です。文を節ごとに区切る際は、「ね」や「さ」を間に入れます。例えば、

「おじいさんが、かぶのたねをまきました」は、

おじいさんがね（さ）

かぶのね（さ）

たねをね（さ）

まきましたね（さ）

と分けて、「四つの文節だったね」と気付くようにするのです。同じように歌詞を読むと、

雨も～雨もね

降らんのに～降らないのにね

草牟田～草牟田のね

川～川がね

濁る～濁るね

となります。音声表現のあり方を考えるとき、この歌詞では「草牟田・川・濁る」と、「川」が独立しています。ですから「そむた・かわ・にごる」と、静音で歌うべきだと思うのです。

《二つ目のちょっしもた》

次は「おはら　ハァ」を間に挟んだ前後のつながり、「問い」と「答え」の関係を見ていきましょう。

雨も降らないという状況なのに、

なぜ川が濁るのでしょうか。

と、歌い手から聴き手に問いが出されます。

おはら　ハァ

と、これは考えるための短い間合いでした。

伊敷や原良のねぇ、

化粧の水なのですよ

と、答えます。「化粧の水」と聞くと、何となく艶めいた感じもします。そういう話が大好きな面々の中には、さっそく想像をあれこれ巡らして、思わず身を乗り出したくなるような色っぽい物語を生みだす方がいらっしゃるはずです。

で、正解はと言いますと、どうやら期待したような「艶話」ではなかったようです。

この歌詞は、伊敷や原良の石切場から出る大量の粉塵が、川を白濁させる様子を表現しています。石の粉塵をお化粧に使う白粉《おしろい》に喩えて、まるで化粧を落とすときに白粉が水に溶けて流れるようだという「見立て」を歌にしたわけです。

伊敷・原良からは、「たんたど石」「小野石」「河頭石」「原良石」などの建築用石材が産出されました。県内各地に広く見られる「溶結凝灰岩」を切り出していたのです。

石切場から出る粉塵は、かなり大量です。甲突川に注ぐ支流は、そのせいで、雨が降ろうが降るまいが常に白濁している状態だったのでしょう。白濁した水が甲突川に合流してくるのが、ちょうど草牟田の辺り。水の濁りが、本流にもはっきり見て取れたはずです。

「ああ、石切場から流れてきた水だな」
と、思いながら眺めたに違いありません。
当時の人々は、伊敷や原良の石切場の存在も、支流が甲突川と合流する位置関係もちゃんと知っていて、その上で、このように風流な「見立て」を行い、歌詞に表したのです。そういう風流な世界のことですから、
「あんね、知っちょいや。
あん頃はよ、伊敷や原良ん辺にゃ
女郎屋が、ずんばいあっせえね・・・」
などと切り出そうものなら、ジ・エンド。オシマイ。誰も耳を貸さない「悲しき知っちょいどん」になってしまうでしょう。
それなのに私は、ついそういうことを・・・。そこで格言！
「知っちょいどんの話には、
眉にしっかり唾をつけ、
半分だけ耳を貸すべし」
今回の歌詞の意味をきちんと整理すると、
雨も降っていないのに
草牟田辺りの川が濁っています
伊敷原良、石切り場からの流れは
化粧を落とすときに
白粉《おしろい》が濁す水の色にそっくりです
と、まとめられるのではないでしょうか。

《無骨に石を使う風土》

「溶結凝灰岩」は、カルデラの大爆発で噴出した大量の火砕流が一気に堆積したものが、自分自身の高熱と重みによる高圧の影響で、長い年月をかけて溶けて固まった岩です。地質学では「火砕流堆積物」と言うそうで、私達がよく知る「シラス」とは、兄弟のようなもので、だから白い粉塵なのです。

「溶結凝灰岩」の主な特徴を挙げると、

・柔らかい石なので、当時の技術でも切り出しや加工が容易であった。

・元が灰なので、火事にめっぽう強い。

・柔らかい石なので、石垣を作る際に接する面どうしが互いを削り合い、その結果、ぴったりすき間なく仕上がる。

・柔らかい石だけれども、強度は現在のコンクリートに負けないぐらいで、しかも年を経るごとに強度がだんだん増していく。

・表面にも内部にも小さな気泡をたくさん持つため、断熱性に優れ、雨風による劣化を受けにくい。

この素晴らしい特性を活かし、住宅の石塀や倉庫の石材として盛んに用いられました。

考えてみれば、昔の墓石も、大きな米蔵も、焼酎工場も、農協の倉庫も、美しいアーチの石橋も、銀行やデパートの外壁も、田の神様も、刑務所の正門も、見渡せば、あらゆる所に「溶結凝灰岩」が使われていたことを思い出します。

鹿児島本港近くの堀江町には、灰色の石蔵が幾つか残っています。今は倉庫ではなく、小洒落たレストランやケーキ屋になっていたり、雑貨や布団を扱う店舗になっていたり、トランクルームに建て替えられたりと、ずいぶん様変わりしています。

在りし日には多くの船がひしめき、往来した運河も、今はすっかり埋め立てられて道路になりました。城山を背にする西郷さんの銅像から始まる58号線は、数百メートルで海に着くと、次は種子島と奄美の島々をつなぎ、最後には沖縄に上陸する不思議な国道です。

58号線が海に入る辺りからが倉庫街です。今はドルフィンポートがあった所から種子島・屋久島行き高速船乗り場、そして魚類市場と続く辺りです。ここに立つと、昔日を想像できるような気がします。数十棟もの石蔵が立ち並び、北海道の函館港や小樽港を凌駕するような港の街並みだったわけですから、さぞかしと思う風景だったことでしょう。

そう言えば、鹿児島のどこの市町村に行っても、「キャー、お洒落！」と言われるような、赤いレンガの建物群とか白漆喰で塗り固めたなまこ壁など見かけません。私達のご先祖様は、どこでも、とことん、そして無骨に、石を使ってきたのです。

一方で、「山川石の黄」や「花棚石の紫」「吉田の黒石」「根占石の赤」など微妙な色合いの違いや、石自体が表現する経年変化の妙、様々な産地の独特の風合いの差などを発見する楽しみを知っていたようです。

現在、耐震補強が課題となり、取り壊される石蔵や石塀が散見されますが、何らかの方法で、この歴史遺産とも言うべき建造物を後世に伝えられないものかと願います。

石の建物を使ったカフェやレストランは、どこも居心地が良く素敵な空間を演出していました。木や金属などの素材との組み合わせや、石を抱き込んで強度を高めるカーボン新素材の活用など、鹿児島ならではの石造建築研究を進めてほしいと期待しているところです。

旧鹿児島刑務所

玉里邸の石塀

カフェに変わった 石蔵

磯の尚古集成館

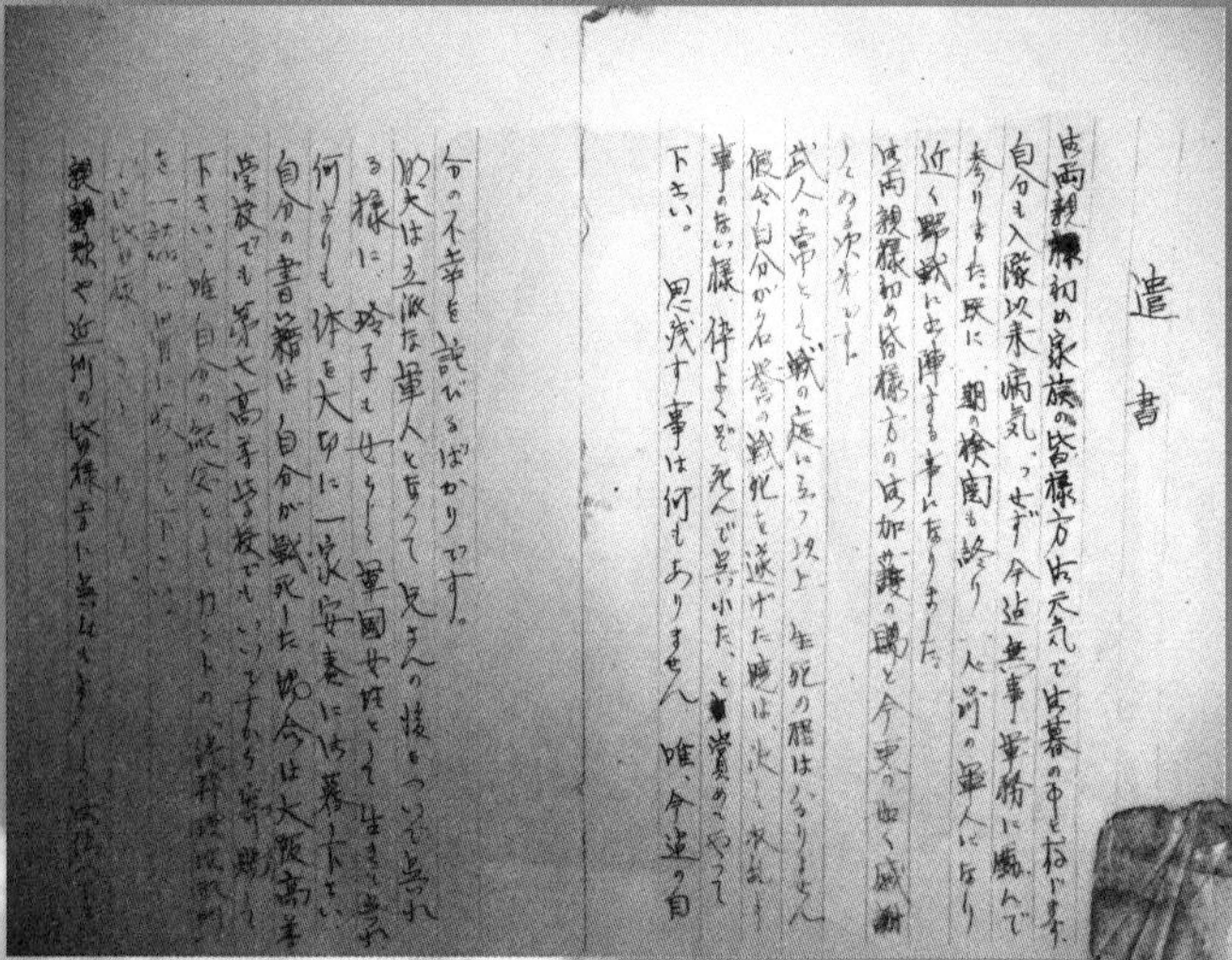

遺書

御両親様初め家族の皆様方御元気で御暮の事と存じます。自分も入隊以来病気一つせず今迄無事軍務に励んで参りました。既に 期の検閲も終り [illegible]の軍人になり近く戦地に出陣する事になりました。御両親様初め皆様方の御加護の賜と今更の如く感謝 [illegible]

武人の常として戦の庭に立つ以上生死の程は分りません。仮令自分が名誉の戦死を遂げた時は決して取乱す事のない様、倅よくぞ死んで呉れた、と誉めてやって下さい。思残す事は何もありません。唯、今迄の自分の不幸を詫びるばかりです。

弟共は立派な軍人となって兄さんの後をついで呉れる様に、妹子も女らしく軍国女性として生きて呉れ、何よりも体を大切に一家安泰に御暮し下さい。

自分の書籍は自分が戦死した場合は大阪高等学校でも第七高等学校でもいいですから寄贈して下さい。唯自分の記念としてカメラの [illegible]

[illegible]

親戚様や近所の皆様方にも [illegible]

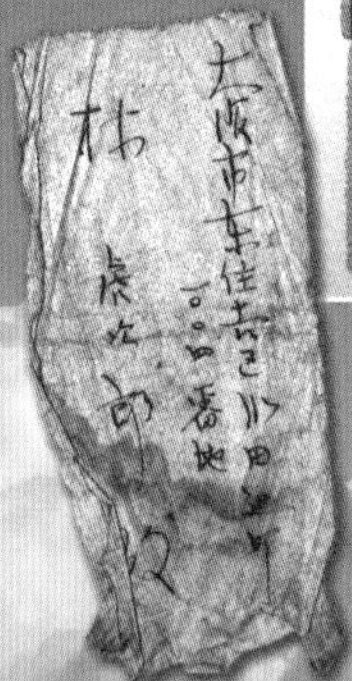

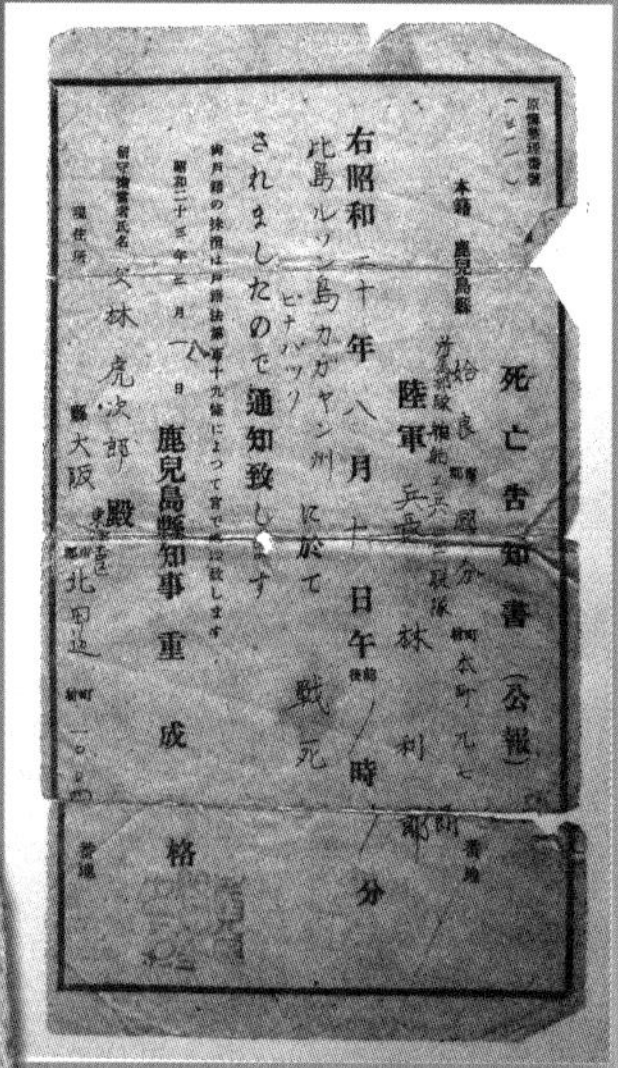

死亡告知書（公報）

本籍 鹿児島縣 始良郡 國分町 本町九七番地

陸軍兵長 林利郎

右昭和二十年八月十日午後 時 分

比島ルソン島カガヤン州ピナバックに於て戦死されましたので通知致します

尚戸籍の抹消は戸籍法第百十九條によって [illegible]

昭和二十三年三月八日 鹿児島縣知事 重成格

留守擔當者氏名 父 林虎次郎 殿

現住所 大阪府 [illegible] 北田辺町 一〇〇番地

【学徒出陣】

様《さま》は二十一
徴兵検査
検査《けさ》が通れば
おはら　ハァ
行かんなならぬ

愛しいお方は
数えの二十一
徴兵検査を受ける年齢です
検査に合格すれば
戦地へ行かねばなりません

おはら節で「様」と表現されるとき、その相手は恋人とか夫とか、想っている・慕っているお方とか、歌う女性にとっての、かけがえのない存在を言うケースがほとんどです。

その「様」が、いよいよ徴兵検査を受ける日がきました。検査の会場は、家の近所の集会所でしょうか、それとも懐かしい小学校の校舎でしょうか。

歌い手の女性の目と心に寄り添いながら、このときを見ていくことにしましょう。

《様は二十一　徴兵検査》

ひとりの女性が、りっぱな青年に成長した「様」の凛々《りり》しい姿を見つめています。その瞳には、誇らしい気持ちが宿っていることでしょう。そして同時に、哀しい気持ちがこめられていることに誰もが気付きます。

数えの二十一歳、男性は皆「徴兵検査」を受ける制度が、この「国」に作られました。明治6年の太政官布告による「徴兵令」からのものです。

あのナポレオンが、徴兵制度を利用して圧倒的な軍勢を動員・組織したことが世界史でも知られていました。それまでの時代は、志願兵や傭兵が軍事力中心でしたが、「徴兵制」は大きく違いました。

・お金をかけずに、多くの兵を集められる
・いくらでも補充が可能となる

などなど、近代国家の為政者にとって、願ったり叶ったりの方法でした。

《喜びも哀しみもこきまぜて》

徴兵検査に合格した青年は、「国家」の意思の下、戦地へ送られる運命を余儀なくされます。初めの頃は抽籤（くじ引き）によるものでしたが、日露戦争・日中戦争・太平洋戦争と戦局が変わる度に、国民皆兵という方向へ法律が動きます。

敗戦色が濃くなってくる昭和十八年には、検査の年齢が19歳に引き下げられ、文系の大学生には徴兵猶予特例も廃止されることになりました。「学徒出陣」です。

十九年からは、朝鮮や台湾での徴兵制も強行します。終いには、40歳とかの年齢でも、いったん戦地から帰って来た人でも、病気がちの人でも、次々に戦場へ送り出すようになります。それこそもう、「根こそぎ」という状況になっていったのです。

徴兵検査を受けて戦地へ行くことは、

「もしかすると、生きて帰れないかも」

という意味を含みます。戦地や戦局次第では、

「絶対に、生きて帰れないだろう」

とまで、覚悟せねばならなかったでしょう。

徴兵検査を受けるとは、つまり、その女性にとっては、愛しい「様」との過去も現在も、二人の未来さえも、「お国」に奪われるということになります。

「合格、おめでとうございます」

こう、祝福の言葉を伝えなければなりませんが、でも心の内は、その想いは・・・。

宴の席の座興として歌われる「おはら節」なのに、こうした深い哀しみがこめられた真逆の歌詞があることに、胸が締め付けられる思いがします。

けれど、人々は陽気な手拍子と賑やかなテコシャンセンの響きに乗せて、喜びも哀しみも、それこそ「こきまぜて」この歌

詞をずうっと歌い継いできたのです。

《視点人物＝誰が語るのか》

さて、物語や詩など様々な文芸表現に触れるときに大事にしたいのは、

「だれが、それを語っているのか」

という問題意識です。表現の本質を考えるときの第一歩、基本中の基本です。

・どういう時、どういう状況で語るのか
・誰が語るのか
・何について語るのか
・どのように見たか、感じたか、思ったか
・誰にそれを語ろうというのか
・どのように語っているか

これらを、表現に即して一つ一つ丁寧にさぐっていく作業が必要になるのです。

冒頭で述べたように、私はこの歌を「残される女性」が『視点人物』になっていると、とらえます。

・愛しい「様」の凛々《りり》しい姿を誇らしく眺める女性。
・愛しい「様」を、明日には失うかもしれないという哀しみを胸にかかえる女性。

そういう女性の視点から描かれた世界として見てきました。嬉しさと哀しさ、矛盾する心の葛藤を、ひとりの女性の目を通して感じ、彼女の思いに共感してきたわけです。

《シモジモノミナサン》

では「徴兵検査」など、法律の文章を読むときはどうでしょう。法律や布告も通達も、やはり文章表現ですから、『視点人物』は誰か、誰の目と心を通して読んでいくかという基礎的基本的な読み方は同じです。

・他ならぬ戦局にあって
・法を決める立場の人々が
・世間一般の人々に対して
・制定した法律を
・どのように語っているか

これを、やはり丁寧に見ていくのです。法律は強制力を持ちますので、特に、どういう人物の目線で作られた文章なのかを、慎重に見ていかなければなりません。

さて、ここでちょいと寄り道をします。仮に「大物政治家A氏」ということにしましょう。

彼がまだ青年だった時代、地元の演説会で、開口一番「シモジモノミナサン」と、聴衆に呼びかけた有名な「逸話」を思い出したからです。A氏は射撃がたいへん得意なのだそうですが、それは、あくまで「貴公子である自分のタシナミ」ですから、その腕前を戦場に行って使うことはないでしょう。

政治家や官僚など「決める立場」の人々は、自分自身が「徴兵検査」を受けて、一兵士として戦地に行くイメージを持って作るものでしょうか。

思わず、反語的な表現になってしまいましたが、「忖度」や「公文書偽造」がメディアを賑わす昨今の状況を見ても、答えは自明でしょう。

あの彼らは、決して「シモジモノミナサン」ではありません。そのように危険なことは、断固として「シモジモノミナサン」に任せるべきと考えます。

ですから、彼らは「シモジモノミナサン」を納得させるような「良い文章」を真剣に考えます。そして、とっても頭がよい彼らは、事のついでに、仮に敗戦しても責任を負わずに済むような「逃げ道」を、とても上手に、文章に織り込むことでしょう。

こうして彼らが作った法律や布告が、「寄らしむべし、知らしむべからず」の、強い力を持って人々に差し出されます。おはら節が歌う〈行かんななららぬ〉「様」の境遇は、こうして生まれました。

《叔父の遺書》

私の父、林利晴の弟、利朗の遺書を紹介します。

叔父は大正十三年二月生まれ、鹿児島第七高等学校から大阪高等学校（現大阪大学）に進み、学徒出陣し、フィリッピンで戦死しました。十数年前に他界した伯父、林利博の遺品の中にあったことを知らされ、初めて目にしたものでした。

遺書

御両親様初め家族の皆さま方御元気で御暮の事と存じます。自分も入隊以来病気一つせず今迄無事軍務に励んで参りました。既に一期の検閲も終り一人前の軍人になり近く野戦に出陣する事になりました。御両親初め皆様方の御加護の賜と今更の如く感謝してゐる次才です。

武人の常として戦の庭に立つ以上、生死の程は分りません。假令自分が名誉の戦死を遂げた暁は、決して取乱す事のない様、倅よくぞ死んで呉れた、と賞めてやって下さい。思残す事は何もありません。唯、今迄の自分の不孝を詫びるばかりです。

明夫は立派な軍人となって兄さんの後をついで呉れる様に、玲子も女らしく軍國女性として生きて呉れ、何よりも体を大切に一家安泰に御暮し下さい。

自分の書籍は自分が戦死した場合は大阪高等学校でも第七高等学校でもいいですから寄贈して下さい。唯自分の記念としてカントの「純粋理性批判」を一緒に骨に収めて下さい。

では皆様、さようなら。

親類や近所の皆様方に呉々もよろしく御伝へ下さい。

暁一九七七四部隊　林　利朗

《死亡通告書が届く》

「昭和二十年八月十日午後1時1分、比島ルソン島カガヤン州ピナバックに於て戦死」

こんな死亡告知書が、昭和二十年から三年経った昭和二十三年に届いています。まさに「紙切れ一枚」の叔父の命です。遺骨は今も帰ってきていません。

この遺書の場合、語り手（視点人物）は、書き手でもある叔父であります。

遺書は、この三部に分けて思いを語っています。

・いよいよ戦地に赴くこと
・家族への感謝と幸せを願う思い
・書籍の始末に託した遺言

もちろん、想定される読者は郷里の家族に違いありませんが、軍の厳しい「検閲」を受けますから、表現内容・書き方に抑制がきいています。

でも、最後の部分に叔父の心情が強く込められているように思います。書籍の処分にこと寄せて、もっと哲学を学びたかったという願いがっているように感じます。

〈では皆様、さようなら〉

この一行に、叔父がどれだけの思いを込めたことでしょう。無念だったろうと思います。

私が遺書の存在を知り、初めて目にしたのは、五十歳を過ぎてからでした。その半分の時間さえ生きる事を許されなかった叔父の人生・・・。

もしかすると、彼を「様」と、見つめた女性の存在があったかもしれません。

《死ぬと言うのか、死ねと言うのか》

家々の鴨居や長押に掛けられた遺影写真。

「名誉の戦死を遂げた」方々の数だけ、その数と同じの、残された家族の深い哀しみがあります。

おはら節は、哀しいけれど、いや、哀しいからこそ賑やかに命の賛歌を奏でます。そこからは、ただ哀しみに耐えるだけでなく、

「負けずに生きますよ」

「忘れませんよ」

「次の世代に伝え続けますよ」

という、「シモジモノミナサン」の並々ならぬ「決意」が強く伝わってくるようです。「お国」を笑いとばしながら、大切なメッセージを歌い繋ぐ「シモジモノミナサン」の強い底力を感じるのです。

こんな歌もあります。

薩摩西郷さんは　世界の偉人
国のためなら　おはらハァ
「死ぬ」と言うた
西郷さんが、あの彼らと決定的に違うのは、自ら〈死ぬと言

うた〉覚悟でしょう。これは歌い継ぐに値する、ひとりの英雄の立ち姿が心に浮かびます。

しかし、「あの彼ら」はどうか・・・。

多分、こう歌い継がれることでしょう。

シモジモノミナサンハ
オクニノタカラ
クニノタメナラ
オハラ　ハァ
「死ね」ト　イウタ
ハァ　ヨイヨイ　ヨイヤサー

【里山のパワー】

ツワの一日干《ひしてぼ》しゃ
豆腐《おかべ》としめて
好きな二才《にせ》どんと
おはらハァ
丘登《おかのぼい》り

ツワブキの一日干したのを
豆腐といっしょに煮しめて
だいすきなあの方と
丘に登りますよ
うふん

ツワブキの花

「おはら節」には、色っぽい歌がけっこうたくさんあります。座興の場で歌い継がれてきたという、民謡ならではの艶っぽい仕上がりが人気だったことの証かなと思います。

《丘登りはデートのこと》

誰もが「おやっ」と思う表現は〈丘登り〉でしょうか。これを横文字にすると、ハイキングやピクニックなどの表現になります。

「おいしいランチとお茶の準備も済みました。お出かけしましょう、ランランラン」

こんな風に、淡い夢を見る感じでしょう。

ですが、けれども、でも、しかしですよ。

ここはやはり横文字ではなく、かごんま弁の和語表現〈丘登り《おかのぼい》〉が断固正しいと、オンジョ達は主張したい。青年の主張ならぬ、壮年の主張＝オンジョの主張を以下グダグダと述べます。お許しください。

○モシモ、のんきに構えっせえ、歌《うた》どん歌《うと》ちょい
場合《とっ》じゃ無《ね》ど。

注：鹿児島では、電話口で「モシモシ」と語りかけるか「モシモ」と語りかけるかで、その人の「オンジョ度」が判明する仕組みになっています。どんなに若い声であっても、
「モシモ」を使う人物は１００％「オンジョ」です。

○モシモ、ツワと豆腐《おかべ》ん煮染《にし》めどん持っせえ何処《どこさい》へ
行っかたな。
○モシモ、丘ん上で何を仕方じゃろかい。
○モシモ、誰《だい》かかいか見ちょらへんか。
○モシモ、佳《よ》か佳《よ》か、早う始《は》っめやんせ。
○モシモ、ないが、げんねもんな。
○モシモ、何《ない》よしちょっとよ、わいどま。本当《ホンノコテー》に、
ハヨハッメンカ、ハヨ！！

うおっと、〈丘登り〉に対する妄想が暴走を始めそうです、危ない危ない。一刻も早く、この「オンジョ」を止めないと・・・。

少しクールダウンが必要なようです。ツワ＝石蕗＝ツワブキの話で気を静めましょう。

《おそるべし、ツワの一日干し》

温暖な南九州では、春から初夏によくツワを採って食べます。ただし、ツワはアクが強いのでそのままでは食べられません。おまけに、アクの成分が体に良くないらしいので、丁寧にアクを抜く作業が必要になります。

まず、茎をかるく湯掻いて熱いうちに皮をむきます。一生懸命やるうち、爪が真っ黒けに染まります。

次は、食べやすい大きさに切りそろえ、再び鍋を沸騰させて塩を入れ、もうひと湯掻きします。冷たい水に放って、できれば流水でしばらく晒します。

最後に、水分をほどよく抜くために一晩ざるに並べて干します。これを「一日干し《ひしてほし》」と呼びます。

豚肉や鶏肉と炒めたり、豆腐や油揚げと煮含めたりすると、まことに美味、うんまかわけです。食卓の一品、弁当のおかず、それから王道である焼酎のおつまみ＝「ショツンシオケ」になって下さいます。感謝、感謝、感謝、感謝！

註：鹿児島では、「お煮しめ」などという上品な言い方はしません。ずばり「煮しめ」と呼びます。西さんという名字の方、気を悪くしないでネ。

さて、ツワは豆腐と抜群に相性が良くって、ツワとおかべの煮しめからは良質のたんぱく質が摂取できるのだそうです。つまり、肉食と同等の元気がでるわけです。

もう、こうなったらパワー全開。

「ようし、行くぞう」

っと、元気が出たので〈丘登り〉になったのか、はたまた〈丘登り〉だから、

「体力をつけなきゃダメ」

と、オゴジョは考えたのか・・・。

そのへんの事情は定かではありませんが、とにもかくにも、ツワとおかべの「煮しめ」を食べるわけですから、まあ二人ともそうとう体力がついちゃった〜

とんでもなく元気が出ちゃった〜

そして、登るべき丘がそこにあった〜

そら、行っちゃうぞ〜

大好きな二才どんと行っちゃうぞ〜

とことん遺伝子のやりとりを始めるぞぉ〜

ということですね。キバイヤンセお二人さん、どうか、お幸せに〜。

《山は宝のヤマ》

ところで、ツワは、葉柄《ようへい》だけでなく葉っぱにもすごい薬効があることが最近の研究で明らかになってきました。今、荒れてしまっている里山ですが、こんな風に食用・薬様の「お宝」が

まだまだいっぱい眠っているかも知れません。

そう言えば、昔からドクダミは「十薬」と呼ばれました。半乾燥させたドクダミを焼酎に漬け込んで、ムカデに噛まれたときに塗ってきました。強い薬効を持った野草です。

日本有数の製薬会社を抱える北陸の富山は、山深い飛騨地方との交易によって発展した歴史を持ちます。

富山湾で獲れたブリに塩を振って、海からは遠い飛騨地方に運んで売りさばきます。そして帰りには、舟いっぱいに飛騨の山の幸を積みこみます。

はじめの頃は燃料用の木材が中心でしたが、もっと軽量でしかも熱効率の良い木炭を運ぶようになると、需要が一気に高まりました。

儲けた資金を元手にして、もっともっと軽量でたいへん高価な薬草をどっさり飛騨の山々から買い集め、下流へ運ぶようになっていきます。その時代に、黒部川や神通川を往来する船の数や賑わいを想像してみてください。

集積した薬草を精製加工する製薬の技術が富山で発展したのも自然のなりゆきでしょう。富山の薬は全国に販路を広げ、小さな製薬会社が次々と現在の大企業に発展します。また、大勢の越中どんを薩摩に派遣し、輸入品の漢方薬や

朝鮮人参を買い付けていた「薩摩組」の歴史もあったのです。

鹿児島では、樟（くすのき）から取れる「樟脳」を特産物にしてきました。樟の葉っぱや枝をさわると独特のスッキリとした香りがしますが、その樹液から作る「樟脳」を精製したのが、有名な強心薬「カンフル剤」です。つい最近まで世界の医療現場で臨終の間際に使われて、誰でも名前を聞いたことがあると思います。

今、県北の伊佐地方で新しい試みが始まっています。

伊佐の観光地として親しまれる「曾木の滝」周辺では、野菜作りに代わって薬草の栽培に取り組む人々が増えているのだそうです。農薬を一切使わない、草取りの必要もない、新しい農業の形としてシルバー世代に受け入れられ、徐々に輪が広がっていると聞きました。（HP：「やさしいまち」参照）

まあ、薬草とは言っても、元々雑草なわけですから、生命力では負けてないでしょう。草取りは家庭菜園でさえ結構な負担ですから、そういう意味からも働く人々の身体にやさしい「持続可能性」の高い農業かと思われます。故郷の山々から畑から、「第二のカンフル剤」みたいな新しい薬草の発見とともに、様々な野草栽培の未来に期待しましょう。

《シラス台地の贈りもの》

分厚いシラスの層をくぐった湧水は、他の地域の湧水に比べ、約40倍もの透明度があるという説をご存知でしょうか。

シラスは、成分のほとんどがガラス質の粒子でできています。研磨剤や化粧品に使われるほど細かな粒子です。粒子と粒子が複雑に絡み合う小さなすき間を水が通るとき、分子レベルで不純物を吸着したり濾過したりするらしいのです。

場所によっては百メートル以上の厚さに堆積したシラス台地を、じっくりゆっくり、吸着や濾過の作業を続けながら数十年・数百年の歳月をかけて地下に浸みていくわけですから「40倍の透明度説」にも、なるほどと頷ける気がします。

素敵なキャッチコピーを付けて売り出せば、ガソリンを凌ぐ資源として世界に注目され、大型タンカーで積み出される日が来るかもしれません。

《マジすごい！　木の研究ナノです》

最近、ある研究が耳目を集めているそうです。

NHK番組「サイエンス・ゼロ」で紹介された、「セルロースナノファイバー」という新素材の開発です。原材料はパルプ、木材を紙にするためドロドロに溶かした状態のものです。これを「ナノレベル」という極々細い繊維にしていくと、繊維どうしが絡み合う性質が強く働くようになって、

「鉄の5分の1の重さで強度は5倍！」

という、軽くて強くて曲がらない性質を示す素材になるそうです。

やがて鉄やプラスチックに取って代わる夢のような素材が誕

生しそうナノです。

番組では、軽量化が必須な電気自動車への利用が注目されそうナノだと説明していましたが、可能性は無限ナノではないかとも言えるでしょう。

なにせ国土の七割が山地で、そのほとんどが木に覆われていますから、鉄やアルミや原油を凌駕する「無尽蔵の資源がある」と言っても、言い過ぎナノでは決してないと思います。

《ジビエ料理で山が蘇る》

次は山に棲息する鹿や猪です。鹿や猪は、昔も今も農業にただならぬ被害を与え続けています。けれど、「神様の贈り物」と古来より讃えられた貴重な山の恵みでもあります。

長野県の飯田市は、日本一焼き肉の盛んな町を誇っています。長野は熊本と同じく、古くから馬肉を食べる文化がありますが、その他にも猪肉を「山くじら」と呼んでよく食べます。鹿肉の刺身や煮込み料理を出す居酒屋も多いそうです。北海道と同じように羊肉のジンギスカンも盛んで、さまざまな肉を扱う焼き肉屋が市内にいっぱいあるそうです。

出水市「東雲の里」

それに、味付けした猪や鹿肉の真空パックや冷凍製品がごく普通に店頭に並んでいて、家庭でも手軽に利用しているそうです。だから「焼き肉日本一」なのですね。

鹿児島でもハンター（狩人）の養成と、おいしい「鹿肉料理」「猪肉料理」を提供するという課題をクリアすれば、農業への被害も減り、山も生き返るに違いありません。

《竹にて一杯》

孟宗竹が今、猛烈な勢いで山を覆っています。「山を飲みこむ」と言いたいほどです。

竹には圧倒的な生長の速さがあり、冬から春にかけ、いち早く土中で根を伸ばします。根が集まってコロニーを形成すると、他の木々の繁殖を著しく阻害し始めます。

筍の味を楽しもうと植えた、ほんの数本の竹の根っこでしたが、そのパワーと戦略性に気付かなかったのでしょうね。

ところで、青竹を粉砕した粉は、生長を支える土壌改良剤として凄いパワーを持っているそうです。仮に「青竹パウダー」と名付けましょう。これを土に漉き込んでやると、土の力がみるみる蘇るそうです。竹は生長が早く生産量も見込めますので、土壌改良材「青竹パウダー」には、産業としての持続可能性が期待できます。農山村に住む人々の雇用も創出するのではないでしょうか。

人の手が管理した美しい竹林で採れる早堀りの筍。これを焼いて塩をちょいと付けたら絶品です。竹の筒で燗をした焼酎もいい。ツワとおかべの煮しめもぜひご一緒したい。生姜醤油でいただく鹿肉の刺身に猪肉の塩焼きやスモーク、冬には鍋とかたまらんなあ。おいしいだろうなあ、ごっくん。

「花見て一杯！」みたいに、「竹煮て一杯！」

美しい竹林（児玉美術館）

【川の話】

私《あたん》が小《ち》んけ時《とき》ゃ
蟹《がね》獲《と》いけ　まかした
蟹《がね》は獲《と》いださじ
おはらハァ
泣《ね》いて戻《もど》した

私が子どものころには
よく蟹獲りに行ったものです
蟹が獲れなくて
泣きながら家に帰ったこともありました

モクズガニ

《蟹＝ガネの正体》

先日、久しぶりに海に入りました。姶良市重富海岸の海水浴場です。思川《おもいがわ》の河口にあります。雄大な桜島を前に、干潟が続きます。

干潟は「生命の宝庫」と言われるほど、多様な生き物たちが暮らす場所です。潮が引いて膝の深さまでザブザブ進んで行くと、巻貝の殻を背負ったヤドカリ、小さな蟹たち、足元をすりぬけて泳いでいく小魚の群れ、ゆらゆら揺れる海藻、二枚貝、海辺の鳥たち、様々な命に出会います。ふと見ると、桜島がずいぶん近くにありました。でも、浜辺からは百メートルほどしか離れていません。まだまだずうっと先まで進めそうです。

思川の流域からこの重富干潟にかけて「モクズガニ」という蟹が棲んでいます。地元では「山太郎ガニ」「山太郎ガネ」と呼ばれています。おはら節の歌詞に見える「蟹」の正体です。小ぶりながら、湯掻いて食べるとおいしい蟹です。囲炉裏や炭の火で乾したガネから取った出汁も絶品です。

この歌詞に登場する私〈あたん〉とは、少女の自称です。子どもですから川や海に入ると、もう楽しくてたまりません。はしゃいではしゃいでいる内に、いつの間にか日が暮れて、約束していたガネを獲れないまま・・・。

筆者は今、思川に沿った道を泣きじゃくりながら帰る少女の姿を歌に重ねて見ています。少女の後ろに、真っ赤な夕陽が長い影をつくっただろうなあ。

さて、「かごんま弁」では、蟹が「ガネ」で、伊勢海老は「エッガネ」です。志布志・内之浦・阿久根などでは、秋から冬にかけて伊勢海老の味を楽しむ「エッガネ祭り」が盛大に行われます。ネチッとしたお刺身の甘さや、ぷりぷりっとした天ぷらの噛みごたえがたまりません。そしてエッガネの味噌汁の濃厚な旨み。もう、よ

郷土の味「ガネ」

だれが落ちそうです。

さて、音の響きは同じガネでも、郷土の天ぷら、「ガネ」の正体はと言うと、実はカニでもエビでもありません。細切りのサツマイモを水に溶いた小麦粉でまとめ、油で揚げた素朴な天ぷらです。姿かたちがちょっと蟹に見えるから「ガネ」なのでしょう。

ほのかに甘くホクホクして、かなりおいしい一品。私にとっては「ばっばんの味」です。いつもやさしい「ばっばん」がカライモをコダクッて、メリケン粉と和《あ》えて「ガネ」を揚げながら、

あたんがちんけ時ゃ
ガネ獲いけまかした
ガネは獲いださじ
おはら　ハァ
泣いて戻した

と歌ってくれたら・・・。嬉しくて、もう、なんだがひっとでぃかも。（涙が流れ出るかも）

《川は交易の道だった》

思川は、鹿児島市北部の旧吉田町前宗地区に源流を持ち、河口の重富海岸まで20㎞ほどの長さしかない川です。けれど、このような小さな川でも交易や運輸に関わる「道」として人々の

生活に重要な役割を果たしてきました。思川をモデルにして、里を流れる川の周辺に広がっていた古代社会を想像してみましょう。

川には刳《く》り船《ぶね》や筏《いかだ》が数多く浮かんでいて、流れを上の方に下の方にと、行ったり来たりしていたはずです。中流域は氾濫原ですから、広い池のように見える流れの澱んだ場所や、川幅の広い流れが比較的緩やかな場所がありました。人々は、こういう所を選んで船や筏を停泊させました。

何カ所か、きちんと整備された船着き場もあったでしょう。船が着く場所には、人足小屋や牛馬の小屋が必ず建てられます。流れに逆らい上流に船を曳くには、馬や牛の力を使います。場所によっては人の力にしか頼れないときもあります。

河口に、波よけとなる砂州を持つ潟（ラグーン）があります。潟は、物流と交易の舞台となる古代の「港」になりました。「よそもの」が持ってくる高価な交易品も貴重な情報も、まずここに船を着けることから始まるのです。当然ですが、リスクも覚悟せねばなりません。「よそもの」から襲撃を受けることもあったでしょう。

このように川の通行や船の繋留などの経済活動が始まると、当然、その場所を支配する権力者が生まれます。権力者には富が集中しますが、それと同時に、人々を襲撃から守る責任も強く要求されるようになります。

《交易される品々は？》

では、どういう品々が交易の対象だったのでしょう。河川の上流を山地、中流を平地、下流を浜や潟として、おおまかに想像しましょう。

上流からは、日々の暮らしに欠かせない薪や材木が、筏や船に積まれて下ってきます。猪や鹿の肉・毛皮は何より嬉しい山の恵みです。

思川中流　吉田小学校付近

矢羽に使う雉《きじ》や鷲《わし》も大事な交易品です。矢の命中度を高める矢羽には、高い価値があったそうです。

注・南九州は、渡りをする鷲が季節に応じて全国から集まるところです。鳥の王様と呼ばれる鷲の羽は、全国の弓取りの名人たちにとって「垂涎もの」の矢羽になりました。

中流域に住む人々は、水辺に生える葦原を計画的に刈り、長さを切り揃え、皮をむき、乾燥させて壁材や屋根材にしました。また麻や苧麻（からむし）など繊維素材を育てて収穫しました。これらは、布帛になったり、駕籠や網や綱などになったりします。生活と生産に欠かせない素材です。

栗や団栗など、野の有用植物も盛んに栽培しました。団栗の澱粉を、鹿や猪の肉と混ぜて焼いたクッキーは、栄養満点・携

行可能の保存食になります。これもまた、上流や下流の人々が喜ぶ交易品になります。（この時期、まだ砂糖が無かったのが残念）

下流域の河口では、何より塩作りが大事な産業です。生きていくために無くてはならない、身体に必須な塩分ですので、作れば必ず売れます。しかし、塩には「潮解作用」がありますので、空気中の水分のせいで、せっかく苦労して作った塩がドロドロになってしまいます。そこで一案、魚や貝の干物にうんと塩分を含ませて、長期保存と輸送を可能にしました。とびっきり塩辛い干物を想像してください。

注：全国で発掘される貝塚は、しばらく「ゴミ捨て場」的な説明がされてきましたが、今ではこうした食品加工場の廃棄物だったことが分かってきました。あの大量の貝殻の意味がストンと落ちました。古代人、ヤルネー。

この干物からは出汁と塩分を一緒に煮出すことができます。これはヒット間違いなしのインスタント食品でしょう。

土器はまず煮炊き用として用いられたことが考古学の分野から報告されています。古代人は手軽に運べて、保存もきき、そしてとっても旨い、この「鍋の素」を重宝したはずです。

深鉢型土器に、水とこのスープベースを入れて、とってきた植物や魚や肉と煮こんで食べる。そうそう、私たちが大好きな「鍋料理」そのものですよね。あああ、美味しかったんだろうなあ。

《市の発展》

「八日市」「廿日市」は、月の満ち欠けで日を決めて「市」が立った場所に由来する地名です。

近郷近在から、筏や小舟に乗った人々が続々と集まってきます。

上流域からは焚き木・キノコ・薬草・鳥獣の肉などの山の幸でした。中流域は、葦・粟・麻など野の幸が中心でした。下流域からは、塩・貝・干し魚・海藻など海の幸が運ばれます。

ときにはうんと遠くから商人達がやって来て、貴重な鉄製品や土器や宝飾品を売りさばいたでしょう。わいわい、ガヤガヤ、今と変わらぬにぎやかな「市」の様子が想像できます。

やがて「市」を牛耳る勢力＝権力者どうしが争う事件も起きるようになります。「市」の発展が新しい社会構造をもたらします。あら、気がつけば「おはら節」の世界からどんどん逸れていきます。でも、もうしばらくお付き合いください。

写真は三種の神器の一つ「草薙剣」（くさなぎのつるぎ）を所蔵する熱田神宮です。

古代から重要なタンパク源であった鮎。その鮎をはじめ様々な物品の交易が行われた場「鮎・市・潟」をアユイチガタと読みます。

名古屋市　熱田神宮

伊勢・尾張・三河が囲む湾奥の「鮎市潟」が発展した都市が熱田神宮のある名古屋市です。アユチの音が変遷して、アイチ、県名の「愛知」です。

この一帯は、古代から常に強い勢力が生まれ、商工業が発展してきました。清州の信長、三河の家康。彼らが生まれ育った広く豊かな濃尾平野は、現在もめざましい発展を続けています。

《舟運が暮らしを支える》

古代の船は、丸木を刳りぬいた船、板を張り合わせ樹皮を隙間に詰めた平底の船、木や竹を組み草で縛った筏などだったでしょう。どれも吃水が浅いので、二〇cmほどの水深があれば十分に浮かびます。こうした「木造船」が海を進むときの大敵は、船底を食い破るフジツボです。でも、フジツボは淡水域に適応できないので、川に停泊していればそのうちに死んでしまいます。古代の船着き場が川に設けられた理由の一つだそうです。

川に沿って鎮座する「〇〇神社」や「〇〇の祠《ほこら》」の類いは、もしかすると、港や市があった場所の痕跡なのかもしれません。流れがゆるくなった川を見下ろす丘の上や、川の水を引く溝を掘った形跡のある場所や、低地集落に近い高台などに、神社や古墳が作られているケースがとても多いように感じます。

時代が下がり、江戸時代の商業地として、鹿児島の各地に残っている地名が「野町」でした。麓の郷士達は、紺屋・金物屋・麹屋・反物屋など野町にあった店で生活用品を調達しました。

野町が川に接する低い土地に置かれることが多い理由は、荷物を満載した船を店に横付けするためだと思います。

《中世の群雄割拠》

思川は、周囲に軍事的な遺跡を多く抱えた流れでもあります。莫大な富が生まれる交易の場ですから、さまざまな利権をめぐる衝突が起こったはずです。

吉田のすぐ北には、豪族の蒲生氏がいました。山田川水系を押さえる有力者です。蒲生神社に聳える「日本一の大楠」の樹齢は、一八〇〇年。大きな権力が存在していた証です。城山の規模も大きい。すぐ近くには、吉田氏が松尾城など七つの山城を構えます。

蒲生の大楠

河口部に近い重富には岩剣城という天然の要害が聳え、祁答院氏・菱刈氏が蒲生氏と連携して島津氏の勢力に対抗しました。島津義弘公の初陣といわれる岩剣城の戦。難攻不落と言われた、その急峻なシラス崖を攻略するために、鉄砲隊を使ったと記録されます。

信長公が鉄砲隊で武田騎馬隊を壊滅させたことで有名な「長篠の戦」より数十年前のことです。

姶良市　岩劒城

この後、島津四兄弟が九州全域に勢力を伸ばしていきます。やはり鉄砲の力が大きかったのです。

硝石と硫黄と木炭を混ぜると鉄砲の弾丸を飛ばす黒色火薬ができます。日本で生産できない硝石を、逆に、明国で生産できない硫黄と引き換える。世界史が「サルファーラッシュ」と呼ぶ硫黄の交易がありました。

足利義満以来、勘合貿易航路の警護役でもあった島津氏。戦国時代、島津氏一門はこの交易で莫大な利益を手にし、分裂や統合を経ながら急成長を遂げます。硫黄島・硫黄鳥島・霧島硫黄岳、どれもその歴史に深く関わった命名なのです。

現在の思川周辺には、田んぼが流れに沿って広がるのんびりした風景が広がっています。でも、そこに古代や中世という別の時代の風景を重ねる、そういう楽しみもあるのですね。

しおP

【とにかく夜は悩ましい】

雨の降る夜は
おじゃんな
と言うたに
濡れておじゃれば
おはらハァ
なお可愛か

雨の降る夜は
来ちゃダメと
言っていたのに
雨に濡れて
おいでになって
なおさら愛しいわ

草間彌生（銀座６）

美川憲一さんが、あの低く渋い声で歌う「柳ヶ瀬ブルース」を覚えておいででしょうか。
～雨の降る夜は、
心もぬれる
まして一人じゃ、
なお淋しい～
恋が終わり別れた哀しみを歌います。

愛しいお方の訪れが叶うことはありません。

対照的に「おはら節」の方は、しっかりと「様」が忍んでおいでです。雨の夜なのに、来ちゃダメと言ってたのに、ずぶ濡れになっちゃうってのに、それでも、わたしの所へ来てくれたわけです。

じつにまことに、もう、すごくハッピーな、自慢したくってたまんない心持ちを歌っているのです。

《十分な条件、必要な条件》

さて、この歌の背景を思い描くには、当時の鹿児島の恋愛観や結婚観・婚姻に関わる風習や常識などについて考えておく必要があります。これを、この歌が成立するための「条件」としてきちんと把握しておく必要があると思うのです。

「〇〇が△□として成立するための条件」

それが何かを見る・考えるということです。

筆者は国語の教育について長いこと学んできました。お師匠は文芸学者の西郷竹彦先生です。

注：西郷竹彦・・・文芸学の体系を確立した鹿児島市出身の文芸学者。文芸学の研究と普及のために教師の全国組織「文芸教育研究協議会」（略称「文芸研」）を組織する。集大成となる、『西郷竹彦、文芸・教育全集』全36巻（恒文社）がある。

「うんとこしょ、どっこいしょ。

やっぱり、かぶは　ぬけません。」

小学校一年生の教科書教材「おおきなかぶ」の訳者としても著名。２０１7年6月逝去。

筆者（林）は25歳の夏から西郷先生を師と仰ぎ、かごしま文芸研かごしまサークル創立以来のメンバーとして今日に至る。

冒頭でふれた「条件」を、西郷文芸学では「条件的仮定的なものの見方・考え方」と言います。認識のための手立て・方法の一つです。物語や詩を相手に「条件を考える」という科学的な分析法を駆使しようというのです。「おはら節」でも、この手法が通じるかなあ?西郷先生の弟子のはしくれとして、「条件」をふまえた分析に取り組んでみます。

この歌では、

〈おじゃんな＝いらっしゃらないで〉

〈おじゃれば＝いらっしゃれば〉

（可愛い＝むじょか・もじょか・むぞか・もぞか

等の読み方をする。意味は同じ）

この三つの「かごんま弁」が分かればOKだという考えがありそうです。方言の理解で、もう十分だという「十分条件」です。

でも「そうかな?」と、少し疑問がわきます。

「それで済むような、簡単な問題でもなさそう」

とも感じます。

・疑問がいっぱい残ります。

・妄想がどんどん膨らみます。

なにせ、筆者の好む「色恋」や「夜」にかかわる歌詞内容ですから・・・・。

そこで、鹿児島の「夜這い」や「通い婚」の風習を調べることが、歌詞を理解するために必要となります。「必要条件」を考えるということです。

「十分条件」と「必要条件」、遠い昔高校の数学で習ったような「条件」という窓から歌の本質に迫ってみましょう。さあ、楽しい知の旅の始まりです。

《徒然なるままに》

「つれづれなるまゝに　日ぐらし　硯に向かひて」

鎌倉時代、吉田神社の神職を代々務める吉田家の一族であり、そして仏教にも深く帰依していた吉田兼好の手による『徒然草』。高校生が学ぶ代表的な古文の教材です。

その第三十六段、書き出し部分を紹介します。今回の「おはら節」との関係を考えてみましょう。

　久しく訪れぬころ、

『いかばかり恨むらん』と

　わが怠り思ひ知らされて

　言の葉なき心地するに

現代語訳も含めて、軽妙な解説でベストセラーになった、橋本治『絵本徒然草』（河出書房新社）「第三十六段の註」から現

代語訳を引用させて頂きます。（以下も同じ）

ずいぶん女性のもとを訪ねていなかったので、どれほど相手から恨まれているか分からない。そういうふうに、自分の怠慢さを思い知らされて言葉も出ない、そういう気持ちでいるときだったので・・・。

続けて書かれているのが、次のような内容です。まずは、原文と現代語訳を引用します。

女の方より、
『仕丁やある、ひとり』
など言ひおこせたるこそ、
ありがたくうれしけれ。
さる心ざましたる人ぞよき
と人の申し侍りし。
さもあるべき事なり。

女の方から
「仕丁っている？ひとりなんだけど」
なんぞと言って来たっていうのは、
ホントにありがたくって感謝だなァ。
そういう精神構造してる女ってのがいいなァ。

と、誰かが言っておりましたがね、

さもありなんです。

続きまして、意訳を紹介します。

知っての通り、ワシらの時代、まともな女は家の中の奥にいる。奥にいて、まず男のところになんか来ない、外にも出ない。しかたがないから、男は女のところへ通っていく。

頭のいい女は、「仕丁ひとり貸してくださらない?」とか言って、好きな男が「仕丁=召使い」といっしょに訪ねてくれるきっかけを作ったりするわけで。

男の側のよんどころない事情まで斟酌できるような、そういう女性が素晴らしいと、まあ、世間が言うわけで、そういうことです。

この例に限らず、古来より男性が女性の家を訪れひと夜をすごす「通い婚」の風習はごく普通の事で、特に貴族など莫大な財を有する人々にとっては、この「通い婚」こそ婚礼と家督相続に関わる重要な方法であったようです。

そう言えば『源氏物語』にしろ『枕草子』にしろ、この手のエロチックな話題がてんこ盛りですよね。

事情は田舎の分限者どん(ぶげんしゃどん)などでもほぼ同じ、家督の相続権は女性が持っていたようです。わたし達が常識と思いがちな「家父長制」は、実はごく近代に始まった方法だったのです。

《通い詰めてこそ》

しかし、時代が違い風習や表現が違っても、やっぱりそこは「男女のラブラブ」案件。実に多くの、悩ましい面白おかしい物語＝ストーリーが生まれる土壌があるわけです。

・「招請婚」（しょうせいこん）
・「言問い婚」（こととい こん）
・「夜這い」（よばい）

この歌詞ができた頃は、県内どの村や町に、津々浦々に、島々に、まだまだ「通い婚」の風習が色濃く残っていたに違いありません。

その一方で、長男が家督相続するのが、明治・大正・戦前の昭和でしたから、「二ばんめさん」以降の男兄弟どもは、もう必死になって夜這いに励まないといけなかったはずです。なんとなれば、夜這いの成立こそ将来の生活を保障する「婿入り」の第一条件だった時代なのです。

もちろんライバルだってたくさんいます。同じ土地で育った幼なじみや先輩・後輩が、真夜中にめざす女性の家の庭で、「はち合わせ」ってことも度々だったでしょう。

幾多のライバルを蹴落として、運よく
「あすの夜も、またおじゃんせ」

「雨の降る夜は、おじゃんな」などと、女性に囁かれるようになったらしめたもの。「さま」とか「ぬしさん」と呼ばれ、幸せなまなざしが注がれちゃいます。もちろん「はち合わせ仲間」(こんな表現ってあったかなあ)からは、羨望やら嫉妬やらが複雑に入り交じったまなざしも注がれます・・・。

《百人いれば百通りの味わい》

ところで、「条件を考えるときには、つねに二つの面に光を当てろ」と、西郷先生から厳しく教えられました。次の二つです。

・主体の条件(どんな人物なのか)
・客体の条件(どんな状況なのか)

「主体の条件」とは、言うまでもなくラブラブのおふたりのことですね。一方、「客体の条件」はと言うと、封建社会の色濃いしきたりとか、当時の人々の恋愛観とか、「通い婚」の風習とか、土地の人間関係だとか、要するにおふたりが生きた時代や社会の背景を全部ひっくるめた「状況」の問題です。

この歌が作られたであろう、封建色のきつい時代・社会では、結婚の許し=決定権は親にありました。おふたりがどれだけ固く誓おうと、それなりの年齢に達していようと、特に家長である父親の許しが絶対条件です。したがって、やや怪しい香りのする、「夜這い」の段階から、堂々とその「通い」を親にも認められて、「婚礼=婿入り」にステップアップできたお兄さんは、たいへんな幸せ者です。

けれど、いくらラブラブでも、親の許しがない限り、晴れて夫婦というのは所詮無理なお話。

それでもと、愛を貫き「駆け落ち」まで決心するおふたりもいますが、

・この土地を離れなくてはならない
・勘当されたら親の死に目にも会えない
・経済的な自立が難しい

など多くのリスクを伴います。果てには、近松門左衛門が描く「心中もの」の世界がおふたりを待つような危うい可能性すら否定できません。

また、運良く「夜這い」が実り、豊かな農家の元へ「通い」続けるようになったものの、長いこと農作業を手伝わせられながら、結婚の許しが出ず、果ては年老いて見捨てられたという、なんとも不遇な男の話も残っています。

この歌を歌いながら聴きながら、幸せな男女のロマンに自分を重ねて、すてきな恋愛のや艶っぽい夜のことなどあれこれ想い描くことができます。

一方で、身分や経済の格差を思い、この愛に少し「翳り」を感じる方もいらっしゃるでしょう。

そうです、聴き手も同じく、一人一人様々な事情を抱え様々な状況のもとで生きています。聴き手もやはり条件的に生きている存在なのです。

歌は一つ、歌い手は一人であっても、歌の聴き手・受け取る

側は大勢。その大勢の一人一人にも、やはり「主体の条件」があり、彼らを取り巻く「客体の条件」の中で今を生きているわけです。

歌の味わいが多種・多様・多彩であること、一人一人の心に沁みるとは、つまりそういうことなのではないでしょうか。

だからこそ、歌はひとに愛されひとに歌われ、ひとは笑い、そして、ひとは歌に涙するのでしょう。

旧入来町　増田家

【解釈をお願いします】

おはん達や　いけんすいや
好かんでも　さすいや
私《あたし》や　好かんてにゃ
おはら　ハァ　気《け》も見せん

おじゃった頃は
一夜《ひとよ》せ　三度ずつ
三十夜《さんじゅうや》せ　九十度
こん頃　なったぃや
したい　せんじゃったい
入れたまま　ひん寝《ね》ったい
まれけんにゃ　はん出したい
ハァ、ヨイサーヨイヤサー

今回は、あえて解説しないでいようかなと考えています。

「君子、危うきに近寄らず」という諺の通りにです。「石橋を、叩くだけ叩いて、渡らない」ということにもなるで、というのでことでででです。

そこで、歌詞の方言表現を所謂「標準語《ひんつけことば》」に訳すための「手がかり」をランダムに示すことにします。

お示しする「手がかり」を参考に、ご自身の手で「おはら節」と「お囃子」の所謂「標準語」訳に取り組んで頂きたいと存じます。素敵な「おとなの物語」が生まれることを期待します。

「うんだもした〜ん」

《手がかりになる言葉》

おじゃる・・・「来る」の丁寧な言い方
「いらっしゃる」

いけんすいや・・・同世代、または似たような境遇にある者どうしで用いる言葉。
「どげんすいや」と意味が似る。
質問と促しが同居する。

一夜せ・・・「ひと晩のうちに」「ひと晩あたり」と捉えると分かりやすい。

九十度・・・おそらく回数を言う。ときによって角度を計る場合もあるのか。

おはん・・・「あなた」のやや丁寧な言い方。同世代どうしで気軽に使う。

せんじゃったい・・・語幹が「為」である動詞のサ行変格活用形。「せ・し・す・する・すれ・せよ」のうち未然形「せ」に、否定の「む・ん」が付いた多分、「〜しなかったり」の意で大丈夫でしょう。

さすいや・・・同世代、または似た境遇にある者どうしが用いる問いかけの言い回し。
「させる?」「させます?」「させますか?」の意ではなかろうか。

はん出す・・・一般的に「はみ出る」「はみ出す」の意か。
「はん出すモノの正体の方が問題では」との指摘もある。

おじゃった・・・「おじゃる」の過去形、「来た」よりもややや丁寧な表現。

好かんてにゃ・・・「好きでもない相手には」

ひん寝る・・・「寝る」に強意の接頭語「ひん」が付いた。
爆睡に近い状態か?

したい・・・〈〜たい〜たい〉表現は、現代語の〈〜したり〜したり〉と似た使い方をする。「したい、せんじゃったい」と用いるのが一般的。

まれけんにゃ・・・「稀=まれ」な「件=けん」の意か?とにかく希少性が高いという語感で捉えたい。近い表現には「ときには」や「たまには」がある。

こん頃・・・この頃・近頃。あの頃からすると、ずいぶん経ったが、なかなか立たない。どうも近頃元気がないという、マイナスのイメージをいくぶん含むのか？がんばれ！

三度ずつ・・・回数を言う。たぶん角度ではない。それは、とてもたいへんだと思う。

三十夜せ・・・月齢由来の表現。「三十日で～」や「ひと月あたり～」の意。

気も・・・「その気も見せない」の「気」ではないか。気持ちの「き」気配の「け」二種類の読み方がある。「陽気」と「陰気」で世界を説明する、「易経」の思想が語源か。ただ、〈気〉は、状況に応じて微妙な使い分けが必須である。「元気」「その気」「やる気」「色気」等が挙げられる。また、「気も＝毛も」等の勘違いが無いよう、特に注意したい。

以上！

陰陽石　宮崎県小林市

【薩摩の兵児《へこ》さん事情】

兵児《へこ》の意気地も
おなごが縋《すが》りゃ
あたら朱鞘も　おはらハァ　抜きゃならん

武士の意地も覚悟も
女性が縋ってくるとなると
朱鞘の刀さえ抜けなくなってしまうわい

「いろっぽさ」を予感させる歌です。でも、ここは我慢・がまん・ガマン。あらぬ妄想を頭から振り払うべく「いろっぽさ」とかけ離れた次元から切り込むことに決めました。そこで、「いろっぽさ」と対極の「がさつさ」はどうかと考え、「薩摩兵児うた」を準備しました。

《薩摩兵児うた》

おどま薩洲
薩摩の不二才《ぶにせ》
色は黒くて
横ばいの小じっくい
(寸詰まいの小じっくい)

焼酎　伊佐錦の CM

今じゃこげんしっせぇ
唐芋どん食うちょっが
やがちゃ天下の
ご意見番よ
（やがちゃ天下を股ばいにひっぱすん）
そん時ゃ　わいどんも
おいげぇ来んか
おいげぇ来んか

テレビで流れる、焼酎のCMで時々耳にする歌です。（　）内は別バージョンの歌詞ですが、こちらを愛唱する方も結構いらっしゃいます。こちらが正しいとか、どちらが先だとか後だとか、おそらく、決め手はないだろうと見ているところです。では、「標準語」に翻訳してみましょう。

おれ達は薩洲薩摩の無骨な漢《おとこ》である
肌の色は黒くて背は小さいのだが
ガタイはしっかりしている
今はまだこうやって
カライモなど食べてはいるが
やがて天下に鳴りひびくご意見番
ひとかどの人間になってみせる
（股と股の間に天下をはさんでやるわい
天下を思うままに動かす意の比喩）

その時はお前たちも
おれん家に遊びに来いよ

「兵児《へこ》」とは「薩摩の芋侍」と京・上方や江戸の人々に揶揄された鹿児島の侍です。半分は農業をしながら半分は武士をしているという、平安鎌倉時代からの野武士を彷彿させる姿。「たそがれ清兵衛」という映画で真田広之さんが演じていた、ああいう貧乏な生活をしている侍だと想像してください。

それにしても薩摩の兵児さん達は、何故かくも貧しい生活を送らねばならなかったのでしょうか。その疑問を紐解いてみましょう。

ものの本によると、薩摩の国では全人口の約二〇%〜二五%が武士身分だったそうです。これは驚異的な数字で、他藩では約一%〜五%だと言われます。

〇△%という数字の意味は、それだけの武士を養うことのできる、その藩の生産力に見合った妥当な武士の数だという解説でした。

武士は戦闘が職能ですから、基本的に食料生産には一切関わりません。つまり、一〇〇人が働いて生産した石高で、一人の武士の暮らしを支えるのが、先の一%という数字の意味になります。

一〇〇人で数人の武士の生活を支えるのが、封建社会成立の条件とするならば、二〇%とは一〇〇人で二〇人の武士を支えるということです。

ええっ、じゃあ、年貢の負担が二〇倍になるってことなの。でないと成立しないでしょ・・・？

一人の人間が一年に食べる米の量がおよそ一石だと言われます。一石を生産する田んぼの面積が一反。おとな一食分の米の量を一合として、一〇合が一升、一〇升が一斗、一〇斗が一石。とても分かりやすい単位法です。

一％を加賀藩の百万石でざっと考えると、一万人の武士を一〇〇万石の米で支える計算です。加賀藩の武士の平均給与は約一〇〇石だったそうです。

同じ割合で計算すれば、薩摩七七万石でまかなえる一％の武士は七七〇〇人。それを二〇％、なんと一五万人近い武士がいたわけです。一人分の平均給与を単純に計算すると、五石。たったの五石・・。

さらに、薩摩七七万石は籾高だったという定説に従うと、白米にした実質の石高は四十万石弱。

となると、給与はその半分の二・五石。となると、となると、となると・・・・。

「食っていけるのか？」

「家族を養えるのか？」

つまりそういう経緯を含めて、薩摩の不二才さん達は刀を差しながら鋤鍬を握り、食料を自前で調達しなければなりませんでした。

そして同時に、武士という身分であり続けるため、意地でも剣の修行を欠かさない、中世さながらの、「まんまの武士＝兵児」

であり続けたわけです。

幕末から明治にかけて「明治維新」と呼ばれる国家規模の革命戦争がありました。最強の軍事力を誇った薩摩の力の源が、他藩を遥かに凌ぐ二〇％という武士の数と、彼らのチョー貧乏な「臥薪嘗胆」の暮らしにあったのだろうと、私は「薩摩兵児うた」を聴くたびに思ってしまいます。

〈そんときゃわいどんもおいげぇ来んか〉

強烈な仲間への愛情は「薩摩の芋蔓」と、これまた揶揄的に表現されますが、むしろ「郷中教育」で、幼い頃から生死を共にするべく育ってきた、薩摩の漢達（おとこたち）の強い絆を教えている様に思えます。「家族以上」とさえ言われる強い強い絆です。

《薩摩拵・さつまごしらえ》

それでは、おはら節の話に戻りましょう。
兵児の意気地も　おなごが縋りゃ
あたら朱鞘も　おはらハァ　抜きゃならん
くり返しになりますが、この歌にはどうにもこうにも「エロネタ・シモネタニハシリタクナル」並々ならぬパワーを感じます。
そこで「エロネタ・シモネタニハシリタクナル」妄想をダンコトシテ振り切るために、次の一節に絞って見ていくことにします。

〈あたら朱鞘もおはらハァ抜きゃならん〉

〈朱鞘〉とは朱塗り、朱の漆を塗って仕上げた鞘におさめた刀のことを言います。

あまり知られていませんが、「薩摩拵《さつまごしらえ》」とよばれる独特の形状をした刀がありました。

（註）鹿児島城の跡に建つ「黎明館」という県歴史史資料センターに「薩摩拵」の関係文献があります。企画展のときに貴重な実物を見る機会に恵まれました。幕末を雄弁に語る特徴的な刀ですので、ぜひ常設展示してほしいものです。

「薩摩拵」の特徴は、刀身と柄（つか＝刀を手に持つ部分）の部分の割合を比較したときに、刀身に対して柄がやや長いことです。この絶妙なバランスと、「トンボ」という独特の上段の構えから裂帛の気合いと共に一気に打ち下ろすスピードとが相まって、力学的にすさまじい重量が目指す一点にかかるのだと解説されていました。

・力が刀から逃げない。

・勢いの方向、ベクトルが逸れない。

つまり、生半可な「受け太刀」など通じない一撃必殺の剣筋が生まれるわけです。

明治10年の西南戦争。激戦で有名な熊本県の田原坂を訪ね、史料館の、ある展示記録を読みました。双方の戦死者の検分記録です。

〈薩摩の兵士は銃弾に倒れた死体が多い〉

と書かれていました。

旧式先籠めのエンフィールド銃か新式後籠めのスナイドル銃か、戦場で使う鉄砲の性能差は歴然であり、かつ決定的だったようです。

圧倒的な物量の差が、戦いの勝敗を分けたことがうかがえます。

そして、次の記録が目に止まりました。

〈政府軍の兵士には頭や肩に刀をめりこませ、致命傷となった死体が少なからずある〉

田原坂　弾痕の家

斬り合いの際の「受け太刀」が、そのまんま自分の頭や体に突き刺さったために命を落としたのでしょう。きちんと受け止めたはずの自分の刀が、自分の体にメリコンデクル。新政府軍の兵士達にとっては身の毛もよだつ事態だったことでしょう。薩摩の兵児さん達の剣術の修練と「薩摩拵」の威力の凄まじさを感じて、震える思いがしました。

ことほど左様に、すごい速さと勢いで一気に振り下ろす剣ですから、刀のどの部分であろうと僅かでも体に触れたら、自分自身も大ケガをします。というわけで「薩摩拵」の刀の鍔（つば）は、特に細くて小さな楕円形状に変化していきます。一般的な鍔よりずうっと小さいのです。それから、象眼や透かし彫りなど美しい飾り付けも見当たりません。

「振り下ろすとき、自分の耳に当たらないようにする必要があって」

と、展示史料に解説されていました。読んでいて「なるほどそうか」と、思いました。

よその藩のお侍さん方は、お金をかけて、

「やれ透かし彫りがどうのこうの」

「やれ象嵌の輝き具合がどうのこうの」

と、刀の美しさを自慢していたでしょう。

その同じ時代に、耳元をかすっただけでも大怪我をするからと、鍔の形状をどんどん細く小さくする「薩摩の兵児さん達」の生き様。この対比を、深く胸に刻んだ次第でした。「朱鞘」という愛称を持つ、鮮やかな朱塗りの鞘に納まっていますが、拵の異様な長さの意味を知った瞬間に、ぞわっと殺気が伝わってきます。兵児さん達の言い分を聞きましょう。

「刀は一本あればよか、両差しなど不要」

「向かう相手は、必ず一撃で打ちのめす」

「薩摩拵」こそ彼らが選択した刀の姿です。

《おなごが縋《すが》りゃ》

ご存じの方も多いと思いますが、鹿児島には「示現流」という秘伝の剣法があります。

今も当時と同じ場所、拝領屋敷があった東千石町に道場を構えて、宗家による伝統が続いています。

鹿児島の城下士が多く学んだ剣法です。一日に数千回も立木に打ちこむ厳しい修練が知られています。

そして外城の、地方の郷士たちは、示現流から派生した「薬丸自顕流」を熱心に修練したと言われます。こちらもたいへん実戦的な剣法です。

示現流兵法所

奇声と共に横向きに渡した木の束に打ち込む修練を積みます。古武道の大会で演舞を見ましたが、双方共に凄まじい迫力でした。

さて、そのように恐ろしいボッケな「漢」どもにも、どうにもならない弱点がありました。それが「おなご衆（おなごんし）」です。

洋の東西を問わず、血気にはやる男どもがいます。あたら意地を張って後に引けない窮地を自ら作ってしまう、そういう単細胞な男が後を絶ちません。

ここ一番の危機を迎えた時、彼らを諫めて「平和な世界」に導くのは、やっぱり女性の力。女性の持つパワーの凄さなのでしょうね。

〈おなごが縋りゃ・・・〉

「愛とエロスは、何よりも強い！」

この歌は、しみじみとその真実を教えてくれます。感激のあまり、筆者も「わが朱鞘」をついつい抜きたくなったたったりたり・・・。

うおあっと、あぶない、あぶない。

朱鞘を差す大石兵六

【おごじょシリーズ】

おはら節には「おごじょシリーズ」と銘を打ちたくなる歌がいくつかあります。

おそらく県外の方には？？？であろう「おごじょ」とは、「お嬢さん」を表すかごんま弁です。漢字で表すと、「御御嬢」。女の子の意「嬢」に、接頭語「御」を二度も重ねる、なんとも丁寧なもの言いです。もはや最上級の敬称になっていることがお分かりでしょう。

そう言えば、「御御御付」という表現もあります。「おみおつけ」と読みます。平安時代、「味噌汁」を指す「みやびな言い方」として、宮中で女房達が使ったと伝えられます。同じように「御」を三度重ねるたいへん丁寧な語法になっています。

ということで、おはら節「おごじょシリーズ」のいくつかを見ていくことにしましょう。

では第一弾、参ります。

鶴の北帰行　行人岳にて

《ちょのげが落ちた》

おごじょこらこら
手拭《ちょのげ》が落《お》ちた
持《も》たん手拭《ちょのげ》が　おはらハァ
何《ない》が落《お》つかい
今来《いまき》た二才《にせ》どん　佳《よ》か二才《にせ》どん
相談掛《そだんか》けたら　はっちこそぅな二才《にせ》どん
ハア　ヨイヨイ　ヨイヤサー

「お嬢さん、ほらほら
手拭いが落ちましたよ」
「持ってもいない手拭が
どうして落ちるものですか」

鹿児島で、これを知らないとモグリと言われるほどのとても有名な口説きのテクニック、その始まりのひと声がこのように歌になっています。

「恋に落ちる」「手拭いが落ちる」〈落ちる〉が掛け言葉になっています。

「お嬢さんほらほら、手ぬぐいが落ちたよ。
わたしと恋に落ちてみませんか」
「持ってもいない手拭が落ちるものですか。
元々その気もないし、あなたなんかと恋に落ちるわけないでしょう。プンプン！」

どうやら、アタックは失敗の模様です。けれど、言葉とうらはら、素敵な恋に発展するケースも多々あるわけで・・・。まあ、そこらの事情は当人たちにおまかせおまかせ。

にしても、続くお囃子の元気の良さったらどうでしょう。元々、「ハンヤ節」のお囃子ですが、「おはら節」でもよく使われます。意訳すると次のようなことを言っています。

「あらまあああ、
今通りかかった男子、超イケメンよね」
「でもさ、誘いをかけたら、どこかに逃げて行ってしまいそう。ウブな感じよ」
「わあ〜、かわいい〜」

・・・さあ、どうしましょう。わたしなら、
しっぽを巻いてスタコラサッサと逃げます。

「ハッチカンナ、ドゲナコチナイカ」

（逃げないと、どんなことになるやら）

このときです。テコシャンセン（太鼓と三味線）がジャンカジャンカと奏でるお囃子に合わせて、腰に手を当てた「おんなのひと」（多分、「おごじょ」と呼ばれない域に達したはず）が、座の中央にすりすりと進み出てきます。そうして、

「ハ、ハ、ハ、ハ・・・」

と、ひとしきり腰を振って踊り再びすりすりとすざって（後

ずさって）元の場所へ戻っていかれます。

　すると、次の方（多分、「おごじょ」を卒業したはず）が、また違う所からすりすりと出ていらして再び同じ仕種で踊り、すざって行くというシーンが繰り返されます。

　踊る際には、ガンと大きく足を踏ん張って腰を左右に揺するのですが、たまに、前後に揺する動きを取り入れる「おごじょ」（多分、かつてはそう呼ばれた記憶が）もおいでになって、なんともたくましい南国の女性達の所作に、一同大爆笑。宴はますます盛り上がり、焼酎もグイグイ進みます。

「よか晩なあ」
「ほいで・・」
グビッ
「なんつぁ、ならんなあ」
「ほいで・・」
グビッ
グビッグビッ・・

地鶏《じどい》の刺身《さしん》

《もぜもんじゃ》

お御《ご》に土産《みやげ》の
この菅笠《すげがさ》に
紅《べに》の襷《たすき》を
おはらハァ　添《そ》えてやろ

お嬢さんへお土産の
この菅笠に
紅染めの襷を
おはらハァ　添えましょう

シリーズ第二弾です、マイリマス。

すでにお気づきかと思いますが、「おごじょ＝御御嬢」も「お御＝御御」も同じ意味で使われる言葉です。どちらも若い娘さんを指して使う敬称です。歌のリズムに合わせるときに、こういう同義でありながら二種類の音を持つ呼称があると、たいへん便利です。

この歌は、お父さんお母さんが「お御＝我が娘」にみやげを選ぶときの心境でしょうか。

それとも「佳か人＝様」が、「お御＝恋人」にみやげを買うときの心境でしょうか。

残念ながら、決め手は見つかりません。仕方がないので、このときの様子を想像（妄想）し、好き勝手に膨らませることにしましょう。

この歌の眼目は、何と言ってもお土産を受け取る瞬間の〈お御〉のカワイイ表情に尽きるでしょう。嬉しさや恥じらいが、ない交ぜになったような表情や仕草を見たくって、「親」にしろ「様」にしろ、この〈みやげ〉を他ならぬこのタイミングにと考えて、プレゼントしたことでしょう。

さて、〈お御〉は菅笠を被り、着物姿に紅襷をかけて、どこに出かけていくというのでしょうか。オンジョの妄想は続きます。

五月の空なら「夏も近づく八十八夜」と、茶摘みの歌かな。それとも早乙女として「お田植え祭り」に彩りを添えるのかな。菅笠に花を飾った「花笠」で踊る、秋の「豊年祭《ほぜ》り」たおやかな舞い姿を見せてほしいな。あらあら、「両親」や「様」の思いはどこへやら、〈お御〉の愛らしさに、もうメロメロ。心も魂も抜かれそうなオンジョであります。

「まっこて、もぜもんじゃ。」

（本当にもう、可愛いなあ。）
（注）「菅笠」はカヤツリグサ科の葉を刈り取って乾燥させ、長さを切りそろえ型枠に編みこんだもの。手の込んだ作りで高価な〈菅笠〉は、祭りなど「ハレの日」の華やいだ装いにぴったりかと思います。
一方「かごんま」は、カヤ・ヨシ・ササの葉などで作る「たかんばっちょ」が主流です。「たかんばっちょ」は簡単に作れて安価ですので、農作業など普段使いに適しています。

スゲ類カヤツリグサ

北陸や東北地方で語り継がれる「かさこ地蔵」が、かごんまでは「たかんばっちょ地蔵」という民話になるのも頷けます。

ところで、忘れない内に断っておきます。それは「オゴジョ」と「オンジョ」です。この二つは文字の並びも音の響きもよく似ていますが、でも、まったく別ものです。くれぐれも、くれぐれも、言い間違えなどしてはなりません。そうそう、男女の呼称で「鹿児島トリビア」と言いたくなる事象があります。ことのついでに、ちらっと紹介しておきます。

①鹿児島では、人の多い場所で「おっさん」と呼ぶと、なぜか妙齢のマダムが数人振り向きます。

②鹿児島では、よか歳をしたオンジョが「あたい」と自称することがあります。

両方とも他県民から不思議がられています。

《デートじゃっち》

おごじょこん頃は
好《よ》か人《と》ができて
何時《いっ》もハイカラ
おはらハァ　いそいそと

お嬢さんは近頃
彼氏ができたらしく

いつもおしゃれをして
いそいそとお出かけです

シリーズ第三弾、行っちゃいましょう。

おそらく〈おごじょ〉は否定する筈でしょうが、お相手・目的・行先など、もう全部バレバレです。そこらが何ともカワユイので、み〜んなが「知らんふり」をしています。

〈ハイカラ〉の語源はハイカラー。首元・襟元を高くするオシャレだそうです。女学校に通う〈おごじょ〉には、ハイカラなシャツに袴を合わせた姿がお似合いかな。足元を革のブーツでビシッと決め、颯爽と自転車に乗って出かけるお嬢さん。

「ほいなら、いってきもんで〜」
(それでは、行って参りま〜す)
「いたっきゃんせ〜」
(行ってらっしゃ〜い)

《つがらんねこっ》

おごじょこらこら
お前家《まえげ》だぁ何処《どこ》や
行《ゆ》けば左手《ひだいて》の
おはらハァ
角屋敷《かどやしき》

高校生も踊ります

お嬢さんこれこれ
あなたのおうちは何処ですか
付いて行ってみると左手の
角地に建つ屋敷です

「おごじょ」シリーズ第四弾。イクゾ!

歌詞の「角屋敷」を辞書で調べますと、《格の高い武家屋敷・お目見え屋敷》という記述が見つかりました。角地に立つお屋敷のご主人は、お殿様と直接面談できる重臣だということです。

なるほど、なるほど。これを基礎知識にして、歌詞に表されるような情景を物語風に想像してみましょう。

主人公には、城下侍のご子息「佳《よ》か二才《にせ》どん」がお似合いのようです。きな臭い戦の匂いや目を覆う飢饉が少なかった、いくぶん平和な時代感のある、江戸中期の頃を舞台としましょう。

連れ立った「佳か二才どん達」が、いつものように、道行く娘さん達に声をかけます。

「ちょのげが、落ちたが」

「茶飲んけ、行っもそや」

「お前家だぁ、何処や」

どれもこれもナンパ仕様の声掛け、恋に誘うための「はじめの一歩」でした。イタリアンな匂いのする、チャラい二才どん達です。

予想通りツンとお澄まし顔、軽く無視して通り過ぎる娘さん達。さあて、ひとりのおごじょに、クラッときた二才どんがいましたよ。ひと目惚れってやつです。

さっそくおごじょの後を追い始めます。

おやおや、お仲間の二才どん達もゾロゾロとついていきます。多分、おごじょの帰宅先を突きとめようという魂胆でしょう。ああもう、間違いなくりっぱなストーカー集団です。

と、おごじょは広い通りから塀を巡らせた大きな屋敷の建ち並ぶ筋に折れて行きます。見れば、その先には、大きな角屋敷、立派な御門の中におごじょの後ろ姿が消えて行くではありませんか・・・・。


「うんにゃこぃや、ちょっしもぅた！」

（コレハヤバイゾ、ヤバイヤバイ！）

「つがらんねこっ、ないとこいじゃった」

（タイヘンナコトニ、ナルトコロダッタ）

出水郷麓の屋敷門

同じ城下侍とは言え、身分の違いすぎるヤバイ相手に声を掛けてしまったようです。
「それでもガンバレ」と応援したいところですが、この恋の前途は、さぞや難しいことでしょう。
それでも、こう言いたい！
「二才どんキバレ、チェストイケー」

【「桜島学」入門】

桜島から
嫁じょを娶《と》れば
枇杷《びわ》や蜜柑《みかん》は
おはら　ハァ
絶えはせぬ

桜島から
お嫁さんを娶《めと》れば
枇杷や蜜柑が
絶えることはない

《桜島の貌》

「村長ハ、数回測候所ニ判定ヲ求メシモ、
桜島ニハ噴火ナシト答フ」

「住民ハ理論ニ信頼セズ、異変ヲ認知スル時ハ、未然ニ避難ノ用意、尤《モット》モ肝要トシ」

東桜島小学校の校庭に建つ爆発記念碑に刻まれた言葉です。

新田次郎は彼の代表作『桜島』の最後を次のように結びました。

「噴くなら噴くがいい、おれはこの桜島の一部分なのだと思いながら桜島のいただきに眼をやった」

吉野公園展望台より

今からおよそ百年前、「大正の大噴火」で大隅半島と地続きになった桜島。海峡を埋める膨大な量の溶岩が噴出する大災害でした。残された映像や写真を見るだけで、その凄まじさに驚かされます。まして、実際に桜島を訪れひとつひとつの痕跡を目にするとき、わたし達の想像をはるかに超える活火山の荒ぶる力を無言の内に知らされる思いがします。

あの西南戦争のとき、中立を保った島津久光公は袴腰港近くの横山城麓屋敷に避難しました。長男忠義公も一緒です。六十代になった「国父」久光公と四十を間近に迎える「最後の藩主」忠義公。二人は、城山に籠る薩摩のサムライたちの最期を、どんな思いをこめて見つめたことでしょう。

この一帯は後に村役場が置かれますが、やはり大正三年一月十二日、溶岩に飲み込まれてしまいます。

かつて「御山《おやま》」とも「向嶋《むこうじま》」とも呼ばれた桜島。この山が見せるさまざまな貌と、ここに暮らす人々の表情に出会う旅を始めましょう。

《カルデラの海》

活発な火山活動をくり返す桜島は、今も噴火警戒レベルが取り沙汰されます。そう言えば昭和五十年代は、「灰神楽《はいかぐら》」と表現されるほど盛んに噴煙を上げドカ灰を降らせていました。学校のプールには、可動式上屋が付けられました。

かと思うと、近世には桜島が「なが～いこと爆発しなかった」

時代もあったのだそうです。

桜島をとりまく錦江湾は、複数のカルデラに海水が流入した海です。およそ3万から2万年前、錦江湾北部「姶良カルデラ」の破局的大爆発は、地球規模の気候変動を引き起こしたそうです。県内を厚く覆うシラス台地も、この火砕流の痕跡です。その後、カルデラ南端で新しく始まった火山活動によって今の位置に桜島が形成されていきます。

わたしはカルデラ外壁の稜線が、錦江湾をぐるりと取り巻く雄大な景色が大好きです。特に吉野公園など高台からの展望は見飽きることがありません。錦江湾は海の幸が豊かで、外洋でないのに野生のイルカが生息します。一本釣りを楽しむ小船が浮かぶ中を行き交う桜島フェリー。白を基調とした色鮮やかな船体も海の色に映えて美しいと感じます。

《島のスーパーセールスマン》

桜島は海岸線から山裾に向かって、港・道路・住居と続きます。集落に入ると、住居層の先に桜島大根など野菜畑の層・枇杷や蜜柑がたわわに実る果樹園の層と、上手に土地活用されていることが素人の目にも分かります。

「なるほど、農業の盛んな島だな」

と、今回の歌詞を実感できる佇《たたず》まいです。

しかし、もともとこの島の土は火山由来のやせた土でした。火山灰・溶岩流・土石流が堆積し、作物の生育を寄せ付けない土でした。

人々はマイナスをプラスにするべく、あらゆる知恵と工夫をこらしてきたと言います。少し山裾に分け入って畑の土を守る丁寧な石積みや果樹の植栽や手入れの様子を見ると、それだけで、長い年月に渡る労苦の一旦を伺い知ることができます。

対岸の人口密集地「鹿児島」から糞尿を買い集め、船で運び、馬の背に負わせ、天秤棒で人が運び、柄杓《ひしゃく》で土に施す毎日がありました。逆に、収穫した農産物を人が降ろし、馬が背負い、船頭に預け、「鹿児島」で売り捌く毎日もあったでしょう。

枇杷・小蜜柑・大根・椿油。桜島には特産品が多いことに驚きます。漁業も盛ん、加えてヒジキなど海藻類も季節に応じて採れます。これら特産品を売るときには、「船頭さん」という集落お抱えの万能セールスマンが大活躍したそうです。同じ集落の一員として、集落の利益のために「粉骨砕身」したのです。

島津氏以前の上山城（鹿児島市の城山）に由来する士族達は、桜島に移住させられたと言います。しかし、こうした多角的経営を通じて豪壮な屋敷を構える「分限者《ぶげんしゃ》どん」も出てきます。桜島の女性は「腰の高い美人」と評判だったとも聞きます。

〈枇杷や蜜柑〉だけでなく、もっともっと、城下に暮らす一家の家計を支える援助すら可能だったのではないか、と妄想してしまいます。〈桜島から嫁じょを娶れば〉とは、若者達の夢や憧れを歌っているのでしょう。

《さぁ、桜島に行ってみよう》

閑話休題、桜島を知るにはやっぱり桜島に行くに限ります。

さあ、フェリーに乗って行きましょう。片道200円、安いなあ。大隅方面からは車ですいすいー。大正溶岩を眺めながらの快適なドライブコースです。

ことのついで、かごんま弁のつぶやき《ツイート》を「　」に入れて紹介しますので、どうぞお試しください。地元の方々と親しくなるきっかけになるかも知れませんよ。

①桜島フェリー

名物のうどんをすすりながら、雄大な山容が眼前に迫るのを楽しみましょう。

「ウンダモシターン」

②桜島ビジターセンター

これであなたも火山学マイスター。活火山のジオラマで学びましょう〜。

「ヒッタマガッター」

③有村溶岩展望所

桜島と大隅半島を地続きにした溶岩の量に、ただただ圧倒されましょう〜。

「ウンニャウンニャ、コゲナコッツァ」

④黒神埋没鳥居

桜島フェリー

黒神埋没鳥居

鳥居のてっぺん近くまで火山灰が積もっています。びっくりして腰をぬかしましょう〜。

「ワッゼカ、ナイカコイワ」
⑤枇杷
丹精込めて育てた初夏の味わい。ツヤツヤ大粒の枇杷をまるごと楽しみましょう〜。

「ナンツァナラン、ウンマカァー」
⑥桜島大根
重さ30kg、血管成分改善にも大注目。世界一の桜島大根に会いにいきましょう〜。

「マコテ、フテ、デコンジャ」
⑦南岳噴火口
夜、自然の神秘に遭遇です。望遠鏡を片手に、噴火口の様子を覗きましょう〜。

「ドラヨ、ヘワ、フッチョランドカイ」
⑧有村海岸
スコップで海岸の砂を掘り、火山島の濃い成分を足湯で楽しみましょう〜。

「ワッゼ、タギッチョライ」
⑨桜島小蜜柑
世界一小さくてとっても甘い。かわいい「こみかんちゃん」に会いにいきましょう〜。

「マコテ、コメ、ミカンジャ」

桜島小みかん

⑩溶岩プレート
桜島の溶岩で作った調理用プレート。豪快に焼き肉を楽しみましょう～。

「ヨカニクヲ、ツコチョライ」
⑪椿油
天然の実から搾り取る、髪にも肌にも優しいオイル。椿チャンポンもうんまか～。

「オマンサア、ワコナイヤッター」
⑫灰干し
人気急上昇。「降りたての火山灰」を使った灰干しの魚や肉を味わいましょう～。

「コア、ヨカフデキチョイ」
⑬桜島自然恐竜公園
中世の山城「横山城」の跡。桜島を背景に、恐竜に襲われる姿を自撮りしましょう～。

「アイタヨー、コイズイジャッタ」
⑭藤野の港
「赤尾原」の語源「アコウの木」が立ち並ぶ古い港で、夕涼みをしましょう～。

「イオツイドン、シッミロカイ」
⑮桜島の温泉
最後に、地元で愛されている温泉に入りましょう～。疲れを

椿ちゃんぽんの店

恐竜公園

癒しましょう〜。

「ハアァ、キンゴキンゴ、ナッタァ〜」

以上！

《戦国時代こぼれ話》

天下分け目の関ヶ原、敵中突破「島津の退《の》き口《ぐち》」をしたと伝えられる義弘公は、その後しばらく「藤野」で暮らしました。今も、桜島中学校近くに蟄居《ちょっきょ》宅跡が残っています。

兄の太守義久公が、家康公に「詫びと謹慎」を表明する処分でした。義久公は一方で、「義弘を小さな島に幽閉し蟄居処分しました」という書状を、すぐさま家康公に送ります。

「文句があるならもう一遍戦いますか」

そういう含みを持って「関が原」の戦後交渉に望んだのです。結果は本領安堵、ほぼお咎めなしという特異な例となりました。

戦国時代、島津氏は琉球を窓にして中国明朝や東南アジアの諸王朝と盛んに交易したことが近年の歴史研究で明らかになってきました。ルソン島にはスペインのガレオン船も入って来て、世界の産物がマニラ港に集中していたとも言います。

家康公にしても薩摩の経済・外交・軍事力を十分に承知し、また、大坂城の秀頼公の存在も未だにあり、ここで島津氏を敵にしたくなかったでしょう。

ところで義弘公はと言うと、蟄居とは名ばかり。悠々自適の優雅な生活だったようです。なにせここは桜島。豊かな海の幸に山の幸、磯《いそ》の白浜を目の前に望む、風光明媚な島です。

殺伐とした戦場で叶わなかった心と時間の余裕を取り戻し、朝鮮の役で病死した息子久保公。心岳寺に眠る弟歳久公。関が原で「捨てがまり」と散った甥豊久公など、多くの菩提を弔うことができました。好きなことに没頭できました。書を紐解き、歌を詠み、茶を嗜み、家族と語らい・・・。

「凋落」「調略」、裏切りを画策する策謀がはびこる戦国の時代、互いを信頼し合う義久公と義弘公の姿は異彩を放っただろうと思います。

《桜島から見るパノラマ》

桜島を廻りながらふと外側へ目をやると、錦江湾を取り巻く景色が次々と姿を現します。まず開聞岳・喜入の石油タンク・鹿児島市街・大崎鼻・姶良から加治木への街並み・濱の市沖には三島・空高く高千穂峰・上野原から垂水に連なる断崖壁・高隈山の尖った頂・根占の港・田代の山々・・・。

県下各地から雄大な桜島を眺めるように、逆に、桜島からも各地を眺められる喜びに出会います。

最後になりました。桜島の歌をもうひとつふたつ紹介しましょう。どちらも豊かでおおらかな気分に充ち満ちています。

桜島から
吹きくる風は
青いミカンの
おはらハァ
匂いする
　ハア、ヨイヨイ　ヨイヤサァー

瀬戸をちょいと出て
有村を見れば
有村お仮屋の
おはらハァ
景気の良さ

磯浜から望む

【明治前夜】

見えた見えたよ
松原越しに
丸に十の字の
おはらハァ
帆が見えた

見えた見えた
松原の向こうに
丸に十の字
家紋の付いた
帆が見えた
見えたけども
その正体はなんでしょうね

いちき串木野市羽島埼

問いかけた後に、少し間を置いて、
「じゃ〜ん、船の帆が見えましたよ〜」
と歌います。〈見えた〉を三度繰り返すことから、視点人物の嬉しそうな表情と気配が伝わります。いったい何が嬉しいのか・・・。

キーワードは「松原」「丸に十の字」「帆」。ご自身で調べたい際はこちらがお奨めです。

・鹿児島市の「黎明館」「尚古集成館」
・知覧の喫茶店「英国館」
・串木野羽島の「薩摩藩英国留学生記念館」
・指宿の「濱﨑太平次像」

《集成館事業》

幕末、島津斉彬公は磯浜の別邸「仙巌園」に反射溶鉱炉をはじめ様々な種類の近代的工場を集中させます。

斉彬公の亡き後も、国父久光公と藩主忠義公が意志を継ぎ発展させました。「集成館事業」

島津久光公銅像

と呼ばれます。

〈丸に十の字〉のビッグプロジェクトだったのです。ご存じのように、薩英戦争で使われた大砲もこのとき作られました。

同じ頃、桜島と大隅を挟む瀬戸に作られた造船所では「昇平丸」など西洋式の軍艦を建造します。出力こそ不十分でしたが、蒸気機関を自前で作ったという驚くべき証言もあります。

しかし、大正の大噴火で溶岩流の下に埋まってしまいました。

また、指宿の港では国内交易に使うために、帆船を盛んに建造させました。白い帆をマストに掲げて進む木造船です。

帆には風を受ける強さと軽さが求められます。そこで、世界最先端の「自動織機」を眼の玉が飛び出るくらいの高額で購入して、これまたびっくりするような高額の給料でイギリスから専門技師を招きました。

今も磯浜に残る「異人館」は、彼ら外国人技師達のために島津家が用意した建物です。

注：全国各地に異人館が残っていますが、その殆どが明治時代のもの。江戸時代に建築された異人館は、全国でも片手の指で数えるほど希少な建物だと聞きました。実際、この建物を訪れると、当時の大工さん達の工夫が色々発見できます。

異人館（旧鹿児島紡積所技師館）

こうして日本初の帆布製造も成功を収めました。それまで、帆布はヨーロッパ側の言い値で購入する他ない高額な消耗品でした。消耗品なだけに、帆布購入に関わる支出は実に頭の痛い問題で、自前で帆布を作るのも、まさにビッグプロジェクト「悲願」だったのではないでしょうか。

注：今となっては、鹿児島に帆布を作る会社は残っていません。それでも倉敷や京都などの大手繊維業界の方々は、国産帆布製造のルーツ、磯浜の「尚古集成館」を訪れるのだと聞きました。歴史的な、その「織機」の展示を見るために、わざわざツアーを組んで、鹿児島まで・・・。まるで「聖地巡礼の旅」のようです。

《調所笑左衛門広郷《ずしょしょうざえもんひろさと》》

しかし、こうした複数の事業を次々に達成するには莫大な費用が必要だったはずです。

徳川幕府の施策によって、多くの藩が財政難に苦しむ中、どうやって費用を捻出したのでしょう。巨費を投じた「木曽川治水工事」、遠い江戸への「参勤交代」、江戸に置く複数の「薩摩屋敷」の維持などなど。どこよりも巨額の借金に悩んでいたはずでした。

財政再建の最大要素は、黒砂糖を生産する奄美の人々に対する徹底した収奪だった事に異論を挟む余地はないでしょう。

調所広郷像

写真のブロンズ像は調所広郷です。島津重豪公・斉興公時代に家老を務め、藩の財政改革を一気に推し進めた人物と言われます。笑左衛門とも呼ばれました。

彼は指宿の「濱崎太平次」など御用商人達に奄美の砂糖の独占販売権を与える一方、北海の俵物（昆布・干海鼠・干鮑）と唐物（薬種・織維・織物）を交易する、密貿易事業を藩が支援する「重商主義」を基盤としました。

黒砂糖を始め、これらの商品でつながる国内外のネットワークを駆使して、さらには蝋燭や樟脳など、新産品を次々に興しては売り捌く手法で莫大な利益を挙げ、破綻寸前の藩財政を立て直したのです。

長州と呼ばれる萩藩では「撫育方《ぶいくかた》」という藩直轄の裏の会計局が存在し、ここに相当な軍資金があったと聞きます。

おそらく薩摩でも似たような「特別会計」が準備され、明治維新の軍備調達に使われたのではないかと想像しています。

教科書で学んだ、明治政府の「殖産興業」政策も、調所笑左衛門のアイデアに学んだものではないかなとこれまた勝手に推測しています。

《秘密だった寒天製造》

海藻のテングサから作る「寒天」は、調理の手間や扱いが簡単な上に日持ちも良いというたいへん優れた食材です。

抹茶のお点前に合う羊羹は寒天に小豆の甘い餡を練り込んだお菓子です。千利休が侘茶《わびちゃ》を確立した安土桃山時代から江戸時代にかけて、常に最高級のお菓子でした。

余談ですが、今やそのまんま持って行けるおいしい栄養満点の「宇宙食」だと、種子島ロケットセンターで初めて知りました。

寒天の元となる心太《ところてん》（正確には心太によく似た寒天の元）の製法は中国伝来ですが、寒天の製法は日本独自のものでした。

弘法大師の高野山。高野豆腐の寒晒《かんざら》しという製法が重なります。冷たく乾いた真冬の風に晒すのですが、なんと、その際に海藻の生臭さまで消えたそうです。

寒天と用途が似た食材にゼラチンがあります。しかし、ゼラチンは常温では溶けてしまいます。電気も冷蔵庫も無い時代、「要冷蔵」に応えるのは難しいことです。

加えて、乾物の寒天は調理後も常温保存できます。とても軽いし傷みが出にくいので流通・交易の面から見ても非常に有利でした。

中国料理の例も一つ挙げましょう。杏子の種子から作る杏仁粉《あんにんこ》は希少で高価な食材です。杏仁粉で作る「杏仁豆腐」は超高級デザート、特権階級だけの料理でした。しかし、寒天が杏仁粉を代用するようになってから、誰もが口にできる「杏仁豆腐」として広く受け入れられるようになりました。

写真は霧島市福山にある黒酢の壺畑です。この地で、およそ二百年前から黒酢の生産が始まりました。

幕府が長野の天領「茅野《ちの》」でしか生産を許さなかった寒天。幕府が、大阪の商人達と結託して「専売輸出品」にしたかった寒天。寒天の製造と福山の黒酢には、深い関係がありました。

海藻のテングサを酢と水で煮溶かすと心太《ところてん》ができます。そう、寒天作りには大量の酢が必要不可欠なのです。甑島から運ばれる大量のテングサを荷揚げしたのが福山港。周辺で黒酢造りが盛んになる必然にお気づきでしょう。テングサと黒酢は馬の背に揺られて都城を目指します。そして、都城にあった外城の一つ「高城《たかじょう》」の麓に到着しました。

盆地特有の冬の寒気に晒して、凍結・乾燥を繰り返すこと半月、寒天に仕上げる段取りです。

製法は、大胆不敵にも太平次自身が幕府の天領「茅野《ちの》」でヘッドハンティングしてきた技師が伝えたそうです。

出来上がった寒天は、北海道の函館港に送られ、太平次の「ヤマキ箱館支店」を経由してロシア・ヨーロッパへ販路を広げ、さらに琉球を通じて大消費国である「清国」にも大量に密輸されました。

都城市星原　寒天製造所跡復元

太平次の弟が運営の実務を担ったと言われます。数年前に函館に出かけ「ヤマキ箱館支店」跡を尋ねて回ったことがあります。残念ながら特定に至りませんでした。いつか、再チャレンジしたいと思っています。

《美しい白砂青松の風景》

最後〈松原〉にスポットを当てましょう。

今も全国各地に美しい松原が残っています。

およそ三百年前、江戸幕府の体制が安定し、「新田開発」など農地拡充を重視し始めた時代、防風・防砂・防潮を目的にして海岸沿いに松が植えられたようです。

鹿児島にも吹上浜や志布志湾の国（救仁）の松原など、白砂青松の美しい松原がありますが、やはり、この頃各地で始まった農地拡充事業の一環でした。

吹上浜のクロマツ植栽は、1680年代（貞享年間）からと記録されます。その後何度も砂に埋まってしまう危機が訪れ、今日に至るまで、植栽・管理・再生の作業をずうっと繰り返してきたとも書かれています。

松原という単一層樹林を作るためには、その特性に応じた手入れが必要です。

松は乾燥した水はけの良い砂地を好みます。まず、日常的な草取りが欠かせません。松葉が落ちて腐葉土になると草が生えやすくなるので「松葉かき」も大事です。日陰を作る広葉樹は抜いてやります。

木は生き物ですから、病気や虫害で枯れてしまいます。台風で倒れることもあります。幼木を育て準備しておかないといけません。

美しい松原を作るのは、長い年月に亘って多くの人の手を必要とするビッグプロジェクトだった訳です。

これらの作業は当番制・交代で行うことになります。季節に応じて住民総出の作業が幾度も出てきます。これらの労働が、「賦役＝ぶえき」「夫役＝ぶやく」の名でずっと住民に強制され続けた歴史を思います。その辛苦の程を思います。

しかし育てた松原には恵みもありました。美しい景色。涼しい木陰。枝は足下を照らす松明になり、松ぼっくりも熱効率の良い薪材です。松露という茸を見つける喜びもあったでしょう。

さらに、自分達の田や畑を飛砂の害から守っている自覚と誇りも生まれるでしょう。この大事な松原を自分たちが育てているんだ、安心して暮らせる環境を自らの力で築いているんだという実感です。

そして何より、共同体への所属意識「結いの精神」の充足感を感じます。自分も頼りにされつつ扶け合う仲間がいることの安らぎ。季節の祭りや地引網など、皆で興ずる行事や遊びも楽しい。この美しい松原は「われわれのものなんだ」という喜びがあり、誇りがあったことでしょう。

《未来から見つめられている》

その美しい松原越しに、薩摩の船の白い帆を見る喜び。明治前夜、未来に向かう誇らしい気持ちをこのように探ってみました。

ただ、手放しで喜べない感じもします。時代は、日清・日露・太平洋戦争と雪崩を打つように推移しました。

より良い明日を作る努力。「今」を生きる私たちの姿もまた、「未来」を生きる子ども達に見つめられているように思うのです。

与論島にて

【薩摩の黄楊櫛《つげぐし》】

黄楊《つげ》の横櫛《よこぐし》や
伊達《だて》には挿《さ》さぬ
島田《しまだ》くずしの
おはらハァ
留《と》めに挿《さ》す

黄楊の櫛を
横櫛にするような
伊達な挿し方は
いたしません
島田くずしの
留めに挿します

これぞ本物！薩摩黄楊櫛

《自分が木であることを忘れる》

黄楊は、火山活動に由来する水捌けの良い土壌と亜熱帯の気候に適した常緑樹です。

温暖な南薩摩で昔から盛んに育てられました。学名は「タイワンアサマツゲ」。木質は緻密で堅牢、独特の粘りもあるそうです。ただし、自分が木であることを忘れるくらい長い期間乾燥させる必要があり、ときには50年以上も寝かせると聞きました。乾燥すればするほど、手のこんだ細工をしても「割れ」「ひび」「ゆがみ」が出ない等、優れた特性がプラスされるそうです。

「薩摩黄楊櫛」は、細やかな細工・艶のある光沢・髪や地肌への素晴らしい感触など、品質の確かさで「一生ものの逸品」として評判を取り、江戸期から現代に至るまで名声を継いでいます。

黄楊材の乾燥

サラリーマンの月給が、4～5万円だったという戦後の昭和の頃に、「薩摩黄楊櫛」の値段は、なんと1本が1万円以上したのだそうです。

大きな材になると、希少な琵琶の撥材「一尺撥」として遙かに高い値が付いたそうですし、端材でも、高級な将棋駒や印鑑の材に重宝されました。

名器と呼ばれる古い楽器や教会のパイプオルガンを補修する際に最適な木材として、今、世界的な需要が生まれているという話も聞きました。

《米山甚句にも、そっくりな歌詞が・・・》

新潟県上越地方に伝わる民謡「米山甚句」に、今回の歌詞とよく似た表現があります。

◆行こうか

まゐらんせうか
米山の薬師
一つあ身のため
ササ　主のため

◆黄楊の横櫛

伊達には挿さぬ
切れし前髪の
ササ　留めにさす

お気づきでしょう、二番目の歌詞〈ササ〉を〈おはらハァ〉と取りかえればほぼ同じになります。

いつものことですが「どちらが先か後か」などの野暮は言いっこなし。こういう文化の交流を喜びながら、雪深い「越後米山」と、南国鹿児島の結びつきについて、じっくり考えることにしましょう。

新潟県上越市に聳える標高993mの米山は、薬師信仰を集める霊山です。西方浄土の阿弥陀如来に対し東方浄土は薬師如来です。

米山の薬師は、文字通り医術に関わる仏様ですが、中でも「疱瘡＝天然痘」に強い霊験があるということで、全国各地からの信心を集めたと言います。

「死の病」と恐れられた「疱瘡」は非常に感染性が強く、時々に大流行して、たくさんの命を次から次に奪ったからでしょう。

今では知る人が少なくなっていますが、始良市に越後米山薬師の流れを汲む薬師堂（現在は米山神社・帖佐小学校後方の山）があります。地元では、「疱瘡の神様＝ホソンカンサア」と呼ばれ、薬師堂から湧き出る水を求めて大勢が押し寄せたそうです。

宗教に救いを求める心が、遠く離れた越後米山と鹿児島を結びつけていたことが分かります。

そう言えば、夏を告げる「オギオンサア」も元々疱瘡の平癒を願った祭りですし、各地に残る「疱瘡踊り」も由来は同じです。

《日本海航路と交易》

「米山甚句」は、明治中期頃から座敷唄として全国的に流行したと言います。

江戸期、北海の昆布や干鮑など「俵物」と呼ばれた海産物と、南海の砂糖や薬種など「唐物」と呼ばれた品々との交易で莫大な利益を産みだした日本海航路がありました。「北前船」と一般的に言われます。言うまでもなく、歴史に記されないような小規模の交易や、歴史に記されては困るような秘密の取引も数限りなくあったでしょう。列島の津々浦々は、わたし達の想像以上に舟運で

島根県「温泉津」

強く結ばれていたわけです。

世界遺産岩見銀山は、「灰吹き」という大陸渡来の技術で莫大な量の銀を産出するようになります。

島津四兄弟の末弟、中書家久公の「家久君上京日記」に、薩摩や大隅の港からやって来た船頭・廻船衆と、「温泉津《ゆのつ》」という石見の港近くの旅館街で酒盛りをした記録が残っています。おそらく海外交易用に石見の銀を買い付に来た、薩摩三州の船頭や廻船衆でしょう。

彼らの船はさらに足を伸ばして、福井の三国・能登輪島・新潟・酒田など主要な港々で交易を続けながら北上しました。南国の民謡に似た酒盛り唄・騒ぎ唄・座敷唄が、はるか遠く離れた北国の港々に残された事情は、こうした「北前船」など交易航路に深く関わっていたわけです。

賑やかな酒席には、歌や三味線・太鼓が欠かせません。男性ならば船乗り衆・侍・商売人がおおいに楽しんだでしょうし、女性ならば芸者衆・湯女・女給などが賑やかに歌い踊ったことでしょう。中には「大流行」の曲も生まれ、そのいくつかは全国に発信されたはずです。「おはら節」と「米山甚句」が似ている背景には、きっとこうした事情があっただろうなと思います。

《日本髪を結う》

歌詞の後半「島田くずし」については、「文金高島田に、何か関係するのかなぁ」という程度の認識しかありません。そこ

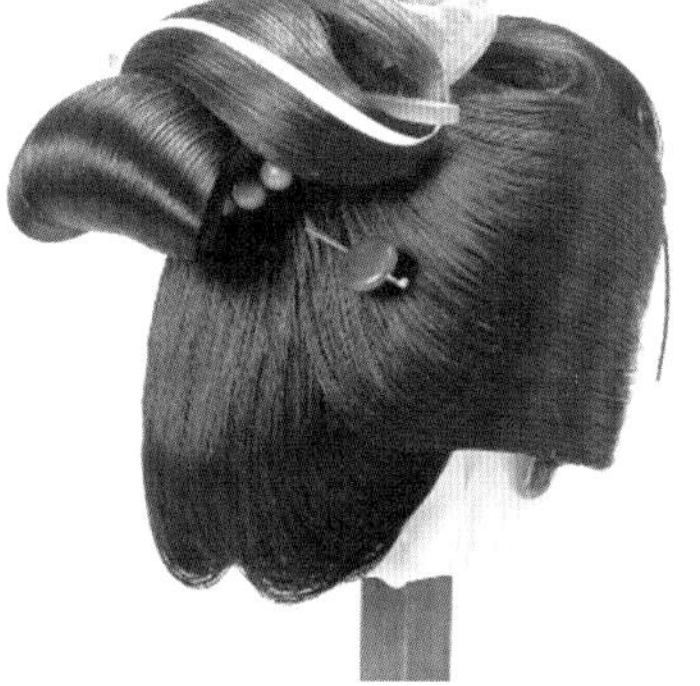

で、京都美容文化クラブ発行の「日本の髪型」（光村推古書院）と、池上良太「図解日本の装束」（新紀元社）の二冊を購入しました。

調べるうちに、女性が「日本髪を結う」ことへのこだわりや、一つの髪型にこめた意味などが少しずつ分かってきました。また二百三百もの髪型が存在すると知り、びっくりしました。

「島田髷《しまだまげ》」は、「越すに越されぬ大井川」で有名な渡し場にある「島田宿」の旅籠《はたご》で働く女性たちから発信された、当時大流行の髪型でした。その後、実に多くの種類が発生していきます。

「島田くずし」は江戸時代、元禄から文政にかけて流行した髪型だそうです。髪を束ねて頭頂部でまとめる髷《まげ》の輪を幾分潰したことから「島田くずし」と呼ばれるようになります。

まず未婚女性や芸者衆に流行しますが、だんだんと結婚のときの髪型・結婚後の髪型へと変遷し、定着したそうです。

日本髪に用いる小道具類の多さにもびっくりします。櫛（くし）・簪（かんざし）・笄（こうがい）・平額（ひらびたい）等々、多種多様の髪飾りが美しさに磨きをかけます。鹿の子や縮緬《ちりめん》など布素材を使って、黒い髪に色彩の変化をもたらす演出も生まれました。この豊かな文化と伝統を素晴らしいと感じますし、何より、女性の「装う行為」に対するワクワク感が強く伝わってきました。

流行に敏感で、美的感覚にすぐれている。素敵・おしゃれ・かわいいなどという外観的な評価は、つまり、そうした装いができるひとりの女性の教養の高さに対する賛辞、内面に対する評価でもあったことが分かります。

そして、一つの髪型を結うときに生まれる内面の変化に関する説明にも目を開かされました。女性が髪を結うときには、意思とか決意とかの、心に関わる「秘めた何か」「ゆずれない何か」があるのだというのです。今回の歌詞を考える上で大事な示唆を与えられたように思いました。

《黄楊の横櫛は伊達だった》

黄楊の横櫛や　伊達には挿さぬ
島田くずしの　おはらハァ　留めに差す

この歌詞には、何かを否定して何かを肯定するような、強い「意志」が感じられます。少し回り道になりますが、その事情を探ってみましょう。

「薩摩黄楊櫛」は、髪結いの最高の道具として評価されて来ました。特に江戸や京都の花柳界や伝統を誇る相撲・歌舞伎の世界などで重宝され、高名な力士や人気の歌舞伎役者の髪を梳ってきたのだそうです。

歌舞伎にある「切られ与三郎」という演目をご存じでしょうか。与三郎がお富さんを強請にかかる源氏店《げんやだな》の名場面、この決

めゼリフ、

「御新造さんへ、おかみさんへ、お富さんへ、
いやさ、お富、久しぶりだなあ・・・」

最後には片肌を脱いで入れ墨を見せ、座敷の端に座り込み、目をひん剥いて凄んでみせるという演出でした。子どもの頃よく真似をして笑い合ったものです。はるかなる「昭和の時代」です。

春日八郎さんの大ヒット曲もありました。

「粋な黒塀、見越しの松にあでな姿の洗い髪
死んだはずだよお富さん、生きていたとは、
お釈迦様でも知らぬ仏の、お富さん・・・」

さて、このお芝居でお富さんを演じてきた歌舞伎役者が、ある日、世間をあっと驚かせる演出を試みました。黄楊櫛を島田髷の横に、左耳の上に挿して見せたのです。

お富さんはスティタスの高い「深川芸者」として、人生を歩んできた女性でした。彼女の華やか

歌舞伎絵「源氏店＝げんやだな」

さと妖艶さを、この奇抜な意匠《スタイル》で表現したのです。

結果、世の女性たちにこの「横櫛」が大流行、一世を風靡したそうです。

歌舞伎の演目は、「切られ与三郎」でしたが、いつ頃からかこのエピソードを生かして「与話情浮名横櫛」（よはなさけうきなのよこぐし）という演目に変わっていったと言うのです。

《その心意気が歌われた》

けれど「横櫛」は、いくら垢抜けておしゃれであろうと、どれだけ世間で流行していようと、やはり花柳界にルーツを持つスタイルです。

「横櫛」を挿す髪型には、芸者でありお妾さんであった「お富さん」のイメージが、抜きがたく・強く重なっていました。

鹿児島には、年頃になった娘に親が黄楊櫛を贈る伝統がありました。わが娘に、美しい黒髪を生涯大切に守るようとの願いを込めて贈られた大事な大事な「薩摩黄楊櫛」です。

「あの歌舞伎の役者みたく、
横櫛になんぞ差したりはしませんよ
伊達な挿し方よりも、
オーソドックスに留めに挿す使い方、
そういう生き方を、私は選びますよ」

おはら節でこんな風に歌い、〈挿す〉という行為にこめた意味を高らかに宣言するあたりに、鹿児島の（そして新潟の）女性の誇りと意志、心意気、強い決意を感じます。

今回、指宿市の「喜多つげ製作所」を訪ね、社長さんに県の伝統工芸品「薩摩黄楊櫛」について直接お話を伺う機会に恵まれました。ご厚意に預かり、写真に見るように、機械で櫛の歯を削る初期の作業工程を実際に見せて戴きました。この後、熟練と根気を要する手作業が始まるそうです。草牟田周辺に住む侍の手仕事に始まるという歴史、輸入材に押された頃のこと、指宿の新婚ブーム、先代に厳しく鍛えられた頃の苦労、同業者や後継者が少なくなってしまった現在の悩みなど、予定時間を忘れてしまうほど貴重なお話をたくさん聞かせて頂きました。

ほんの一部に過ぎませんが、この稿に活かすことができたのかなと思います。謹んで感謝の気持ちを伝えさせて頂きます。

機械を使う工程
（この後に本格的な手作業が待つ）

【海の古代史】

佐多の岬の
お庭の蘇鉄
花は咲かねど
おはらハァ
葉はみごと

佐多岬の
お庭に咲く蘇鉄は
花は咲かないが
緑の葉が見事です

《佐多岬》

佐多岬灯台

佐多岬は大隅半島の岬です。九州最南端、本土の最南端。誰もが訪れたくなる引力を持っています。

岬ですので、やはり海に削られた断崖絶壁の実に荒々しい地形です。この岬から先の海は「七島灘」と呼ばれます。

蘇鉄の木

激しい潮の流れで海の難所としてはるか昔から恐れられてきました。

「大輪島」に立つ白い灯台は、イギリス人の技師によって設計され、1871年（明治4年）に完成します。

明治の初頭、まだ岬に通じる道路が作られる前のこと。海上輸送で資材と機材を運んで建てたそうです。ちなみに、現在の灯台は太平洋戦争の後に復元されたものです。

険しい崖に寄せて砕ける白い波。海の青に純白の灯台のコントラスト。心に残る美しい風景です。

近年は、モーターバイクやロードバイクの愛好家達が遠くからやって来ます。野太いエンジン音が起伏とカーブの多い道を縫うように響きます。ペダルを漕いで汗ばむ体に心地よい風が吹き抜けていきます。

「なんとしてもそこまで辿り着くのだ！」

そういう「端っこ」「極み」への憧れやロマンが強い磁力となって、人々を岬への「旅」と誘うのでしょうね。

《御崎神社》

佐多岬に着いて駐車場から歩いて行くと、爽やかな風が吹き抜けるトンネルと出会います。トンネルの先は、蘇鉄が太陽光を遮るように鬱蒼と生い茂る森です。

森の道をしばらく進むと、急にぽっかり空間が開き、そこに「御崎神社」が鎮座しています。台風がたびたび襲来する南九州の神社ですから、社は頑丈なコンクリート造りになっています。

この「御崎神社」は今から約一三〇〇年前に創建というとても古い歴史を持っているそうです。

そういう歴史を考える上でヒントと言いますか、気になっているのが「岬」を「御崎」とする漢字表記のことです。海に突出した地形は一般的に「崎」とか「鼻」と呼ばれます。

また、「崎」の付く地名からは、次のような情報が読み取れます。

・お宮があるから「宮崎」
・松がたくさん生えているから「松崎」
・ゴツゴツした岩が多いので「岩崎」
・大きな崖の張り出しがあって「大崎」
・山々の連なりを龍に見立て、その尾が海に伸びているように見えるので「尾崎」

また「みさき＝御崎」のように「御」を付ける場合、そこが神聖な場所である・奇岩や大木など崇拝の対象が存在する・尊敬する人物に関わる伝説が残るなど、対象を神格化したいという古代の人々の感情が読み取れます。

ですから、たくさんの「崎」の中で、特にスピリチュアルな存在を感じるところ、神聖な「崎」には「御崎＝みさき」の漢字表記をあてたのではないかと考えるわけです。

例えば大分県中津市の、「薦（こも）神社」は、宇佐八幡宮の本社と目されますが、そのご神体は、御澄（みすみ）池と池に生える薦（こも　イネ科）です。ここは、歴史的にいち早く灌漑施設を導入した場所で、あることが知られます。

薦神社の鳥居は池に向かっている

薦は、マコモダケが食用となり、茎は「薦枕」の材料です。古代、枕にはそれを使う人の魂が宿るとされてきました。

しかし、次の例もあります。

・みかわ「御川→三河」
・みいけ「御池→三池」
・みしま「御島→三島」
・みうら「御浦→三浦」
・みかた「御潟→三方」
・みすみ「御澄→三角」

これらは逆に、元来「御」の表記だったものが変化し「御」に込められていた神格化の意志とか、その場所にまつわる物語や鮮烈だった当時の記憶が薄められた例と言えます。

そして「岬」の漢字表記です。「御崎」は「岬」と一文字になったことで、もはやここが特別に神聖な場所だったという命名の由来や意志を失いかねない状況になっています。

荒海を、苦難と恐怖の海を渡ってきた人々にとって、小鳥の姿や波に浮かぶ木の葉や枝など、陸の存在を知らせるもの・ことを発見したときの喜びはとても言い尽くせるものでは無いでしょう。

ことに種子島・屋久島辺りの海域は、これまで北向きだった黒潮海流が、東シナ海の、大陸棚から一気に日本海溝に落ちていく流れとぶつかる現場です。「地球最大の奔流」という巨大海流「黒潮」さえも曲げてしまう、ぐいっと東向きにしてしまう、そんなとてつもない力が働く海です。

うねる大波が絶えず発生して、通る船はさんざんに翻弄されます。命を失う覚悟なしには越えることのできない恐ろしい海域なのです。

その苦しい旅が、今やっと終わった。命からがらの航海の果て、ついに現われた救いの大地を、今こうやって踏みしめている。

万感の想いと、未来への希望をこめ「御崎神社」を、海に突出したこの場所に建てたことでしょう。初めは、崖の中腹にあったという言い伝えが残るのも、「なるほど、きっとそうだ」と思います。

《みどりは希望の色》

さて、「御崎神社」の御神体は「御崎柴＝ミサキシバ」という常緑樹だったと記憶しています。ご神体の多くは、岩石・草木・泉や滝や川など、自然が対象となっています。

今は亡き、白川静博士の古代文字研究によると、「降」という漢字の「阝」は、神様が降臨する際に用いるという、足を掛けるために刻みを持った丸太を「神の梯子」と見て、「おおざと」「こざと」などの偏（へん）や旁（つくり）にしたと説明します。「天降り」とは神様が天から梯子を降りて来て、石や草木に「寄り憑く」ことです。従って、岩石や草木が「神の依り代（よりしろ憑代とも書く）」になるのです。

依り代となったものの近くに人間など不浄なものを入れないよう結界を作ります。結界であることを示すため注連縄（しめなわ）を張ります。神様が降臨中であると表明するため紙垂（しで）を下げます。こうして神聖な空間ができあがり、後の時代、その場所に祠（ほこら）や社（やしろ）が建てられて、拝みの場となります。

神様が移動する場合には、乗りものである神輿（みこし）の中に石や草木を入れたり、あるいは霊移しをした木片などを入れたりしますが、もうその理由もお分かりでしょう。

依り代となる草木の中で、特に重視されたのが、照葉（てるは）と呼ばれる灌木群です。冬でも輝きを失わない「みどり」常緑樹を常盤木（ときわぎ）と呼びました。古代の人々は「みどり」

に常若（とこわか）の願いや不老不死の願いを込めました。あかちゃんを「みどりご」と言うのも、そういう生への願いと希望があるからです。

威信材として王の高貴さを象徴した「翡翠《ひすい》」の色もみどり。泉からこんこんと湧き出てくる水。生きるためになくてはならない水。水の色も翡翠と同じく「みどり」と表現します。

このように古代の人々にとって「みどり」は命の象徴として崇められました。ですから、「蘇鉄」や「真榊（まさかき）」や「橘（たちばな）」（ミカンの古名）の「みどり」も、等しく神聖なものと受けとめました。

鹿児島では蘇鉄の葉を先祖のお墓に捧げますし、神社の境内に蘇鉄が神木として普通に植えられています。

九州島の最南端である佐多岬は、亜熱帯の緯度にあります。ですから、御崎神社の周りには蘇鉄がびっしりとトンネルを作っています。その濃い緑の葉陰を進み、ぽっかり明るい境内に入るとき誰もが、

「ああ、神様のいらっしゃる庭なんだ」

という「感じ」を受けることでしょう。

ところで、〈御庭〉という表現には、「ここは、殿様の御庭なのだぞ」という意味もあるそうです。

となると、今回のおはら節は、あの蘭学大好きの島津重豪公が、旧佐多町伊座敷に作らせた「佐多旧薬園」（薩摩藩薬草園）のことを歌っているのかも知れません。

佐多の亜熱帯気候を活かし、

・リュウガンやライチなど、

「種々奇薬珍果の類」

・アカテツやゴムの木など、

「日本の諸国になき草本」

を育てたという、実験的な植物・薬草園です。薩摩・大隅・日向、三国の地誌や名所を記す「三国名勝図会」に、そのことが紹介されています。

佐多岬に生い茂る「蘇鉄」も、元を辿ると奄美や琉球から運んで植えたのだそうです。歌詞と違い、実際はとんがった雄花と栗の三倍ほどの大きさになる赤い実をつける雌花が夏の前に咲きます。ただ「花」と呼ぶには、かなり勇気を必要とする異質さも感じます。

《御崎祭り》

映画「きばいやんせ！私」が公開され、さっそく見に行きました。

「御崎神社」の神様が「田尻」「大泊」「外之浦」「間泊」「竹之浦」「古里」「坂元」の七集落を経て「近津宮神社」まで旅する「御崎祭り」をモチーフにしています。

鉾《ほこ》と神輿《みこし》と傘《かさ》と旗《はた》の行列が、古（いにしえ）の道約二〇ｋｍを二日間かけて進む、四〇〇年を越える伝統を受け継ぐ祭りです。

鉾は鉄の威力で邪気を除く「露払い」の役目を持ち、傘は天子や神様の日除けであると同時にその存在を周りに誇示する道具でもあります。

五m超という孟宗竹に取り付けた鉾と傘が神輿の前後を挟んで進みます。どちらもかなり重量がありますが、風や雨のときには重さがさらに倍増するそうです。

担い手は両腕に重みを引き受け、足と腰で巧みにバランスを取り、長い砂浜や折れ曲がる崖の道を一歩一歩進みます。

二〇㎞の道行き。交代しながらとは言え、ハンパナイしんどさが伝わります。

集落を進む行列（南大隅町ＨＰより）

予祝を受ける

集落の住民は総出で神様の行列をお迎えします。

若者は鉾や傘を人々の頭上にゆっくりかざして健康や長寿の予祝を行います。このゆっくりとした所作は、若者が渾身の力をこめているからこそ成立します。

地面と平行に低いポジションをキープしたまま進む所作も、一気に高く掲げて階段や崖を上り切る

近津宮神社にて

所作もまた同じ。

　体力と気力の全てを動員し、この「ハレ」の勤めを果たす若者を、娘たちはもう、キュンキュン胸ときめかせて応援します。

　映画のクライマックスは、雨上がりの急峻な「どんひら坂」を下るシーンでした。

　重量一〇〇kg超の神輿が下ります。ぬかるんだ足下・狭い道・段差のきつい崖などを皆で慎重に少しずつ少しずつお連れするのです。

　遠目からはとても見られない緊張した息づかいまで表現されていました。観ているうちに、なぜか涙が滲んでいました。ようし、来年二月の「御崎祭り」は、現地で応援するぞうっ!!

侏儒どん

【蘇鉄の味噌】

佐多の岬の
お庭の蘇鉄
花は咲かねど
おはらハァ
葉はみごと

《詩集「さたぐんま」》

亜熱帯の気候に育つ蘇鉄《そてつ》は、蘇鉄という漢字が示す通りに、鉄分との相性が良いそうで、

「使い古しの針を蘇鉄の幹に刺してやると樹勢が良くなる」とか、「蘇鉄の根元に鉄屑《てつくず》とかを置いておくと良い」とか聞きます。蘇鉄とは、鉄で蘇る（よみがえる）という命名なのでしょうね。

郷土の詩人、茂山忠茂さんの詩集「さたぐんま」（視点社1984年）の中に「みそしるのあじ」という詩が収められています。私の中で「蘇鉄」といえばパッとこの詩が思い浮かぶくらい、強いインパクトのあった詩です。

今は故人となられましたが、病床にあられた茂山先生を自宅に訪ね、「おてっちき」の原稿を見て頂きながら「この詩を、シリーズの中でぜひ紹介したい」と相談しました。先生から快諾のお返事を頂いておりましたので、詩の全部を転載いたします。

蘇鉄に関わる茂山先生の思いに触れてください。

みそしるのあじ

茂山　忠茂

アヤは日記に
「ワタシニハミソシルノアジガマダワカリマセン」
と書いた
アヤは七歳
アヤよ
今からミソシルノアジなんて・・・・・・
あの、甘く、すっぱく、辛く、女の涙がしみこんだ
みそしるのあじ――

アヤはしらない
まだしらない
黒い太陽がさんさんとふる中
百姓たちのごわごわした手が
田園を這いまわり米をつくり
荒地に鍬を打ちこみ畑をつくり
えいえい働いてやっとできた
大豆のひとつぶひとつぶのかたまりが
何でできているのか
アヤはしらない。
その小さな粒は
百姓の汗と血と涙と肉と骨がこまかくくだかれてかためられている
ことを

アヤはしらない。
そのつぶのひとつひとつが、あまりにも固いから
長い長い時間
水の中に没して百姓たちの汗や血や涙や肉や骨を、
じわじわとほぐすことを。
塩田に働く労働者たちが、
全身に海水を冠っては、じりじりと
太陽に
照らされ
焼かれ
自分の肉や骨を干して
そのエキスをとって俵につめた
ピリピリするあの味をみその中に入れていることを。

アヤはしらない。
蒸された米の中に
千年も昔から火種のように保存された
日本人の知恵の麹が
ホヤホヤと米をあたため
大豆と米と塩の奏でる
田園と潮騒のトレモロ
あのじわりと胃袋にしみる味を。

アヤはしらない。

中国で生まれて
千二百年もの昔
日本に伝わり
次第に庶民の中に麹となって広がり
しみわたり
日本の女の
手垢で創られた
日本の
女の
歴史の
暗がりで
発酵し
善兵衛の家の納屋で
清次郎の家の台所の片隅で
甘く、すっぱく、辛い香を放つ　みそ
幼いお前にはわからない

江戸みそ
仙台みそ
田舎みそ
八丁みそ
赤みそ
白みそ
金山寺みそ

鉄火みそ
ジャガイモみそ
サツマみそ
ぬかみそ
信州のみそには信州の女の味があり
江戸みそには江戸の伝統がある
かあさんの
母の
そのまた母の
ずっと前の母から教わった
その家のみそしるのあじ
鍋のふたをとったとき
その家の女の体臭が
ふかふか沸きたってくる
みそしるのあじ
まだ幼いお前にはわからない

そして
アヤよ　ましてや
物の本にもでてこない
そてつみそというのは
なおさらお前にはわかるまい
薩摩半島から五百キロの南
小さな孤島の女たちが

貧しさのきわみ
産みだした知恵の結晶
南の島に自生するそてつの紅い実
そのひとつひとつを割って
中からとりだした白い実を
幾日も幾日も水にさらして毒をぬき
幾日も幾日も天日にさらして臼でつき
奄美の歴史のような重い石臼で
ごろごろと粉にしてつくる
そてつみそ
猛毒のハブの牙をさけ
猛毒のそてつの毒をぬき
米などには手の届かない
どん底貧しい百姓女たちが生きのびる糧としてつくった
そてつみそ
それには
奄美女の
しんそこ貧しく哀しい味がある。
薩摩島津の役人たちが
「砂糖きびと百姓は搾るだけ汁がでる」
きび一節食べることも禁じ
一節のきびを食べて死罪になった
百姓の妻の
怨みの麹をはやして

遠い本土への怒りを燃やした
薄暗いカマドのきびがらの火が
今でも火吹き竹でフーフーと
女の悲しみを吹き続ける。

アヤよ
お前は大きくなったらどんなみそをつくるだろうか。
深々と腰をかがめ
しんしん藁を炊いて
原始林の暗がりから麹を運んだ母の母のずっと昔の母たちの知恵。
逆光の太陽に歴史の苦渋を搾った
甘く、すっぱく、辛い女の味を
腰巻の紐きりりとしめて
みそをつき
おいしいみそしるをつくる日が
お前にも遠からずやってくる。
でも
七歳のアヤよ
お前には
まだみそしるのあじを
わかってほしくはない。
「ワタシニハマダミソシルノアジガワカリマセン」

《詩に寄せて》

幼い〈アヤ〉を、詩を聴く相手に想定して、その幼いアヤに対して、「米」「大豆」「塩」「麹」などの、「みそ」作りに関わる一つ一つの物語を、静かに語りかけています。

そして中盤からは、「みそ」のやってきた道を語り、奄美の「そてつみそ」について読者に語りかけます。一つ一つの、それぞれの物語には、島人たちの喜びと哀しみの歴史が幾重にも織り込まれています。それが糸を繰るように何度も語られます。

どんな過酷な状況にあっても、島に生きる人々の「生きる」という意思があらゆる知恵と労働に結晶します。詩人はその象徴として「そてつみそ」を捉えていたのではないでしょうか。

いつ読んでもなんべん読んでも、魂を揺さぶられます。書かれているのは辛い苦しい日々の情景なのに、それが気高く美しいものに見えてくる不思議。

貫くものは「にんげんの営み」なのでしょうが、それらすべてを包み込む、島の自然と歴史がいっしょになって語られるときに、まるで縦糸と横糸が響き合って生み出す美しい模様のように思えてくるのです。何べんも何べんも何べんも、打ち寄せては引き、打ち寄せては引いていく波のイメージに重なってきます。サンゴや名もなきカイガラで白く覆われる浜に、コバルトの彼方から届く清浄な波。

「おはら節」に歌われたのは「佐多の御崎のお庭の蘇鉄」ですが、その先の南の海の遥かな彼方に、その蘇鉄をはこんだ海の道があり、南の島々と、人々の紡いできた長い歴史があることを、この詩から学ぶことができます。

《クルサタジゴク》

「砂糖キビ単一作」という、過酷な搾取と収奪が行われた歴史。黒砂糖地獄（くるさたじごく）と呼ばれる薩摩藩の施策は明治になっても、「商社」と名を変えてしばらく続きました。

単一作（＝プランテーション）の農業は、砂糖キビでも、香料でも、コーヒーでも、バナナや綿花でも、パイナップルでも、等しく現地の人々に奴隷的労働を強いるものでした。人が人を蹂躙することによって生まれた莫大な富は、常に、残らず、一部の者が独占する仕組みになっていました。わたしたちの生半可な理解や想像では、とうてい追い付けないほどの過酷さだったでしょう。

筆者がまだ二〇代のとき、徳之島の神之嶺にお住まいだった前田長英さんを講師・相談役にお願いして、教師達の郷土研究会を組織していたことがあります。前田長英さんが発表された「薩摩藩圧政物語」（ＪＣＡ出版）に強い衝撃を受けたことが発端で、賛同した地域の歴史学や民俗学・考古学の研究者の方々から直接お話を伺ったり、資料を頂いたりしました。地元の先生方も参加してくださいました。

サタグンマで実際に砂糖黍を絞る・墓地巡り・風葬の穴・カムィヤキ遺跡・豊見大親・島の地名学・全島口説き・物言う亀・

犬田布騒動・母間騒動・疎開船「武州丸」の悲劇など、今振り返っても様々な内容を学ぶまたとない機会でした。

蘇鉄の雄株の花が高く立ち上がるとき、奄美の梅雨が明けます。羽アリがいっせいに家を飛び回り、奄美の梅雨が明けて夏がきます。

秋から冬にかけて、蘇鉄の雌株にはびっしりと赤い実が詰まります。この赤い実を奄美の方言では「ナリ」と呼び、蘇鉄の味噌を「ナリみそ」と呼ぶことも知りました。運動会ではバケツに蘇鉄の赤い実を投げ入れる「ナリの実投げ」の競技がありました。蘇鉄の木を切って、山から運んで、削って、潰して、水に晒して、やっと得た僅かの澱粉で作った「ナリ粥」で飢えを凌いだ話も聞きました。しかし、〈そてつみそ〉も「ナリ粥」も、それを知る人がだんだん少なくなっていきます。

詩「みそしるのあじ」では、七歳のアヤに対して〈まだみそしるのあじを〉〈わかってほしくはない〉と語りかけますが、そこには、〈でも、もう少し年月が経ったら知ってほしい〉という一行が続くような気がします。

奄美の歴史から目を背けてはならない。それが日本の歴史を学ぶ上で大事なことだと学びました。

【吉野狐】

吉野原《よしのはい》の狐《きつね》は
尾《お》の無《な》い狐《きつね》
儂《わし》も二三度《にさんど》は
おはらハァ
騙《だま》された

吉野原の狐は
化ける力を持つ
古狐だ
私も二度か三度
騙されたことがある

絵本『兵六ものがたり』より

《五万人が暮らす台地》

〈吉野原〉とは、鹿児島市北部に広がる吉野町一帯の台地を指しています。車社会の今、天文館から約一五分のベッドタウンとして開発が進み、五万人ほどが暮らす賑やかな台地になっています。

昭和四七年（一九七二年）の「太陽国体」を契機に、市街地から吉野町に至る道路が整備されます。稲荷町から陸橋の坂を駆け上がり、鳥越トンネルをぐるりと一回転して雀ヶ宮・早馬に上っていく四車線道路がそれです。進む先には吉田インターがあって、高速道路を利用する九州各県の車や空港リムジンバスなどアクセスが集中する幹線道路になっていきます。ちなみに、「県立吉野公園」もこのときに作られました。

ただ悩ましいことには、人口が増えたことで慢性的に渋滞が起きるようになりました。ここ数年の開発で四車線道路がインター近くに伸び、流れが随分スムーズになりましたが、それでも、片道一車線の中心部「帯迫」周辺の混み具合は、なかなかのものです。

個人的には、稲荷川下流の谷沿いに鹿児島駅を目指すケーブルカーでも設置されれば、通勤手段の選択肢が増えて朝夕のラッシュ緩和につながるかと思いますが、所詮素人の思い付き「夢の中の物語」なのでしょうね。

《薩摩街道》

吉野界隈の旧道を眺めましょう。稲荷川に沿う急峻な坂(殺生坂《せっしょうざか》という別名もあったらしい)を登り切ると「実方(さねかた)太鼓橋」。不気味な地名「礫者坂(はたもんざか)」を恐る恐る進むと吉野小学校の敷地「旧薬草園」。小学校横の細い道が、「帯迫(おっざこ)」から「関谷の谷(せっきゃんたに)」に抜け、石畳の「白金坂=白銀坂(しらがねざか)」へと続きます。

重富の先は、蒲生から帖佐へと、大きく迂回して加治木へとつながります。そして、加治木本町で熊本に向かう「大口筋」

と宮崎に向かう「日向筋」とに分岐します。「薩摩街道」と呼ばれた重要な幹線でした。

「薩摩街道」もこうやって吉野原を通っていたわけですから、今も昔も変わらず交通の要衝であったことが分かります。

《ゴショランガイド》

広大な旧吉野村は、薩摩の国の軍用馬を生産する「吉野ん牧」として名を馳せていました。逆に、人家が少ないことも確かで〈尾の無い狐〉をはじめ、化け物・山姥・妖怪の類が跋扈《ばっこ》する恐ろし気な所とご城下の人々に認識されていた様です。今回の「おはら節」には、何だか、そういう印象や思い込みに基づいた「都市伝説」的な要素を感じます。

ところで、吉野に「ごしょらん」という名前の公園があるのをご存知でしょうか。

「ごしょらん、ないかそいは?」

「いっちょんわからん?」

「ちっとばっかい、いっかせっみれ?」

いつものことですが、かごんま弁は漢字で書くと分かりやすくなります。で、「ごしょらん」は「御召覧(ごしょうらん)」と書き、意味は「殿様にご覧いただく」ということです。

吉野ん牧では、年に一度、旧暦四月に盛大な馬追が行われました。放牧する馬のうち、前の年に生まれた二歳駒を捕え、調教・訓練して戦場《いくさば》に連れて行くためにする馬狩りです。

吉野の馬追には、近隣の郷から一万人を超える数の「串目立《くしめだち》」と呼ばれた馬追役が集められる盛大な催しだったようです。時季も同じ頃ですから、さしずめゴールデンウィークのビッグイベントと言ったところでしょうか。

中世以来、薩摩の国では軍馬を生産する「牧」の開発を各地で盛んに行っていました。島津氏・肝付氏・蒲生氏・菱刈氏・渋谷氏など、南九州に勢力を争った豪族達が、それぞれの覇権と軍事を優位に進めるためでした。

寺山公園　疾風馬の像

島津貴久公から義久公に至る三州統一以降、さらに「牧」を各地に広げ、アラビア種やペルシャ種など大型で優秀な馬を盛んに輸入・放牧し、専属の馬役人まで置いて品種改良を目指したそうです。

これより先は九州を席捲しようという時代ですから、優秀な軍馬を持つことが何より重要だったのでしょう。

時代が下がり、戦火の無い時世になっても、「馬追」は士気を高めるための行事として大事にされます。中でもご城下直近の「吉野牧御馬追」には大勢の見物人が押し寄せたと言います。

そこで、特別見晴らしの良い場所に殿様の席を設け「御召覧」頂いたわけで、公園はその跡地なのです。以上、ミシュランガイドならぬ「ゴショランガイド」でした。

《大石兵六夢物語》

写真は「ごしょらん公園」にある一対のブロンズ像です。一体は、刀を差した青年が一匹の狐を足元に押さえつけ拳を振り上げ殴りかかろうとしています。もう一体は、それを制するかのようにふるまう姿です。両差しで杖をついていることから、老齢の武士らしき像です。ただし、その像をよくよく見ると、むむっ、袴の裾から尾っぽがちらりと覗いているではありませんか。この不思議な組み合わせは、はて、いったい何を表現しているのでしょうか？

実はこの像、薩摩の古典文学「大石兵六夢物語」の一場面を再現しています。この物語を長年研究して来られた「吉野史談

兵六餅

会」の皆さんが、地域起こし活動の一環として市の資金協力を受け、平成三年にこの像の建立に至ったそうです。作者は野間口泉さん。前年の日展で特選を受賞した新進気鋭の若手彫刻家でした。

鹿児島のおみやげとして絶大な人気を誇るボンタン飴と兵六餅。柑橘類ボンタンの果汁を朝鮮飴に練りこんだのがボンタン飴で、朝鮮飴に抹茶・きな粉・海苔・白餡を練りこんだのが兵六餅だと、セイカ食品の方に伺いました。パッケージに見える、朱鞘を両差しにした人物が大石兵六です。

あの像は兵六が吉野狐を捕まえて殺そうとする所に、お仲間が兵六の父親大石兵部左衛門に成り済まして現われ、その狐を逃がすよう説得している場面です。しっぽがちらりの造形には、そういう物語がありました。

《兵六 VS 狐たち》

血気盛んなご城下の若侍達が、古狐を退治する相談をしています。口ぶりから、吉野原を草深い「ど田舎」と認識していたことが伝わります。

そこに、「我こそは」と名乗り出たのが、あの忠臣蔵「大石内蔵助」の末裔を自負する大石兵六でした。対する狐たちも評定を開き、「さあ来い」と手ぐすね引いて待ち構えます。奥吉野の牟礼岳山頂に、牧神様（まっがんさあ）と呼ばれる巨石がありますが、ここが〈尾の無い狐〉の本拠地のようです。

得意技はもちろん化ける術。様々な人間に化け、妖怪に化け、兵六に挑みます。

これ兵《ひょう》さん、
ここは名《な》に負《お》ふ恋《こい》の山《やま》（中略）
さても過《す》ぎにし寅《とら》の年
吉野《よしの》の牧《まき》の御馬《おうま》追ひ
初《はじ》めて君《きみ》を三島江《みしまえ》や
海人《あま》のたく火《ひ》の
夜《よる》は燃《も》え
昼《ひる》はこがれて
思《おも》へども（中略）
いかなる神《かみ》の恵《めぐ》みにて
今《いま》こそそれと岩田帯《いわたおび》
結《むす》ぶちぎりの縁《えにし》ありて
今宵《こよい》は君《きみ》に逢坂《あふさか》の
関《せき》の清水《しみず》のじっくりと
互《たが》ひに積《つ》もる物語《ものがたり》
空音《そらね》をはかる暁《あかつき》の
鳥《とり》は鳴《な》いてもまだ夜《よ》は夜中《よなか》
心静《こころしず》かに寝《ね》てござれ

〔5〕吉野茶屋女二人の抜け首の責め（伊牟田蔵A本より）

吉野茶屋抜け首の責め

と、名調子で迫る茶屋の女子《おなご》の段などお奨めです。
兵六が逃げようとすると、たちまち「抜け首」となって襲い掛かりますが、後半、美しい姉妹が登場する話の伏線にもなっています。

他にも、和歌の応酬を楽しむ「山辺赤蟹」や、「のっぺらぼう」こと「ぬっぺっぼう」の段、心岳寺の「狐怪和尚（こかいおしょう）」に命を救われる段など、全十七段で構成された物語です。展開にハラハラ、色気にドキドキ、むむむっ、エンターテインメントの王道ってか!!

語り手の視線は、ご城下侍の驕《おご》る気持ちを、笑い話にしながら戒めているように思えます。ですから、兵六が困難を乗り越え成功を掴むというより、領分を侵されまいと抵抗する狐達の側に寄りそう物語として読んだ方が自然かなと思います。

江戸後期、毛利正直によって成立したと伝わるこの物語は、多くの人々に愛されて写本も数多く作られたそうです。

そして今、地元愛に燃える人々の手で紙芝居やマンガになり、ごしょらん公園では「兵六祭り」が始まりました。現在も吉野公園で毎年五月に開催され、県内各地に伝わる「兵六踊り」が披露されたり事件の足跡を辿る「兵六ウォーキング」があったりと、楽しい企画が続いています。

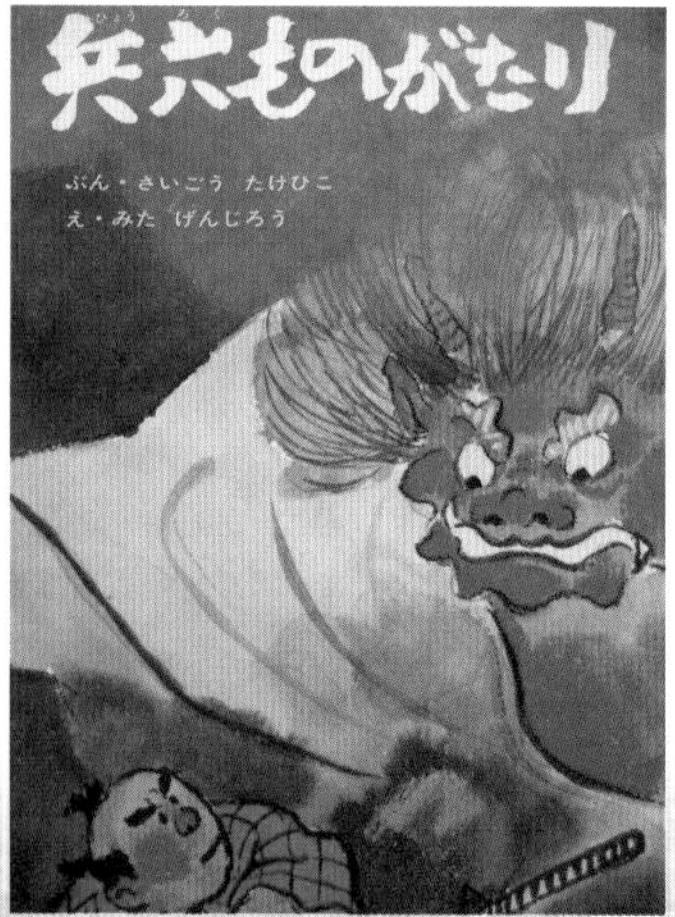

一九七〇年には、文芸学者西郷竹彦先生による絵本『兵六ものがたり（絵・箕田源二郎）』がポプラ社より刊行。

二〇〇七年には鹿児島大学伊牟田經久教授による研究『大石兵六夢物語のすべて』が南方新社より上梓されました。

この稿でその中の絵や本文をいくつか引用させて頂きました。謹んでお礼を申し上げます。

《吉野原こぼれ話》

吉野には「明治日本の産業革命遺産」に近年登録された遺跡が二つあります。幕末の「集成館事業」を支える重要なエネルギー源として評価され注目を受けたものです。

〔寺山の炭窯跡〕

鉄の精錬には強い熱源が必要です。

石炭をガンガン燃やして成功したイギリス産業革命に対抗するには、寺山と周辺の山の木々を全部切り尽くしてしまうほど大量の木炭が必要でした。

列強に太刀打ちするため、磯の反射炉で大砲を数十門も造ろうとする大事業《ビックプロジェクト》です。

吉田小学校の児童と

イタジイ・スダジイ・アラカシなどからは、「白炭」（＝備長炭）と呼ばれる火力の強い炭を生産できます。寺山のこの大きな炭窯こそ、集成館事業のエネルギー源でした。しかも寺山は磯の崖の上、焼きあがった木炭を下に降ろすだけという恵まれた立地条件です。

当時すっかり切り尽くされたであろう寺山でしたが、一五〇年経った今では、すっかり回復して鬱蒼とした森になっています。

〔関吉の疎水溝〕

楕木川《あべきがわ》という、稲荷川の源流があります。「巌洞《がんどう》」と、地元で呼ばれる滝壺の所に堰《せき》を作り、水位を上げて取水し、うねうねと僅かな高低差を利用して用水を導きます。

場所によっては暗渠《あんきょ》（トンネル）にして台地をくぐらせました。そして「滝の神」という地名になっている、磯「仙巌園」の後方の崖から一気に流れを落とし、その勢いで集成館の水車を回すことで、無尽の動力を得る仕組みです。

磯の後方にあたる崖地には、ちょうど用水が流れる橋のたもとにバス停があります。

バス停に付いている名前は、「落」・・・。

で、読み方は？？？

絵本『兵六ものがたり』より

【子守の唄】

わが子《こ》可愛《むぞ》かや
子守《もい》を可愛《かわい》がれ
子守《もい》の憎《にく》さは
おはらハァ
子《こ》に当《あ》たる

わが子が
かわいいなら
子守を
かわいがりなさい
子守が
憎しみを抱いたら
わが子に
仕打ちが当たりますよ

子守唄　中村晋也作
ホテル京セラ展示

まるで格言か俚諺のような歌詞です。

おはら節の特徴として、戯れ歌や艶っぽい仕上がりになっている歌が多いのですが、「こんな、教訓めいた歌もあるんだな」と、少し驚いたことを覚えています。

おはら節には、近世から戦前にかけての歌詞が多いと思っています。なので、ちょうど子守のいた時代と歴史が重なります。

今回の歌詞を考えるには、この時代に対する理解がまず必要だろうと思います。その上で「誰の目線からか」という視点の問題を考えていきたいと思います。

《封建体制の崩壊》

江戸時代中期から後期にかけて、安定した世相を背景に綿作・養蚕・菜種油など衣食住に関わる産物の開発が全国各地で進みました。

商品の流通が活発になり、数年先に穫れる米や小豆の値段を決める「先物取引」が始まるなど、商品経済のめざましい発展が見られました。

大阪や江戸の賑わいはもちろん、地方都市でもこれら生産・売買・流通に関わることで恩恵に預かり、「富裕層」と言われる人々が増えていきました。

しかし同じ頃、「天明の飢饉」「天保の飢饉」と呼ばれる、火山の噴火や冷害による米の凶作が度々起こり、飢饉が人々を容赦なく襲いました。特に東北地方の被害は深刻で、農山村を中心に、数十万人もの餓死者が記録されました。経済基盤や社会の在り方が大きく揺さぶられ、全国各地で一揆や打ち壊しが起きるようになっていきます。

重い年貢に苦しむ中、自ら耕作を放棄し離村して人別帳から逃れようとする人々が増加しました。

都市の貧民窟に潜り込む人々、奥山に入り山川の幸で飢えを凌ぐ人々がそうです。物乞いが道ばたに溢れ、俄《にわ》か仕立ての托鉢僧が辻々に立ちました。

男達の中には博徒の世界で無頼化する者も出てきます。全国を渡り歩く遊芸人の姿も増えました。

こうしたさまざまな形態の「無宿層＝アウトロー」達が増大することで、農業生産が滞り、米作りに立脚する封建体制が基盤から崩壊していく大きな要因となりました。そして、幕末の動乱期を迎えるわけです。

《子守奉公》

このような危機的状況でも、なんとか村に踏みとどまった農民たちがいました。しかし、中には生活苦に耐えられず、先祖伝来の田畑を手放して小作人となっていくケースが出始めます。

そうなると、重い年貢に加えて、新しい地主からの収奪も始まるわけです。果ては、村の中に新興商人が入り込み「金目になる」物なら何でも言葉巧みに買い叩いていきました。

日々の生活に困窮する中、「口減らし」のため親が「娘を売り払う」事態が起きます。一九八三年放送のＮＨＫ朝ドラ「おしん」（橋田壽賀子原作・脚本）は、まさにこの時代をモチーフにして多くの涙を誘いました。娘を売ってお金を手にし、娘が奉公で稼いだ金を借金の返済に当てるという、親としてのモラルまで崩壊しかねない風潮が蔓延していく社会状況だったのです。

貧富の格差は、片方で、女中や子守を雇用できるような比較的富裕な地主・商人の層を生みました。そして、もう片方では、子守に出される娘たちを生み出します。この時代でも、「人身売買」は強く禁じられていましたが、「子守奉公」の名の下に、債務奴隷にも似た児童労働が娘たちに準備されたのです。

「奉公」は、三年・五年・十年といった契約を親が結び、娘が働いた賃金でその借金を相殺させる仕組みです。もちろん、男の子たちにも「丁稚」「職工」などの奉公制度がありました。しかし奉公に出される割合は娘たちに強く偏っていました。

時が移り「子守」は「女中」や「女工」になるケースが多かったとも言います。

「自らの意志と無関係に働かされ収奪される」人命と人権をないがしろにするやり方が蔓延った時代だったと言えるでしょう。

親元から遠く離れての子守り奉公。朝早くから長い時間を拘束されました。もちろん、口ごたえなど許されるはずがありません。赤ん坊に何かがあったとき、真っ先に叱責を受け、疑いの目が向けられたでしょう。凍える冬の日、ねんねこ袢纏で赤ん坊をあやす子守のその足は素足のまんま。

ご飯をちゃんと食べていたでしょうか。

風呂や布団はどうだったでしょうか・・・。

《五木の子守唄》

熊本県人吉市、山をVの字に削りながら球磨川の急流が流れています。「五木村」はさらに北、球磨川支流の川辺川上流域にある山深い里です。

ここで生まれた「五木の子守唄」は、子守の境遇が聴く者の心に沁みる名曲だと思います。

おどま
盆ぎり盆ぎり
盆から先や
おらんどう
盆が
はよう来りゃ
はようもどる
あたしたち
子守は
盆まで、
盆がくるまでの我慢だ
盆が来たら
こんなところにいるものか
盆が来たら早く実家に戻るんだ
おどま勧進勧進
あん人達ゃよか衆
よか衆よか帯、よか着物

五木村にて

わたしたちは乞食のような存在だ
あの人達はよい身分の人達だ
よい身分だからきれいな帯だ
値段の高いきれいな着物だ

注：「勧進」は本来寺社建築への寄付を募る行為ですが、この歌では「乞食」の意味で使われます。

おどがはっちんちゅうて
誰が泣いてくりゅうか
裏の松山、せみが鳴く
わたしがいなくなったと言って
誰か泣いてくれるだろうか
裏の松山でせみが鳴くくらいだ

注：単にいなくなると言うよりも、むしろ、死んでしまったらと言っているように聞こえます。

どの歌詞も娘たちの目線から歌われていて、心情がストレートに伝わってきます。

まだまだ親に甘えていたい年頃です。日が暮れるのも忘れて遊んでいたい、おしゃれもしたい、ぺちゃくちゃ楽しく語らいたい。そんな年頃でしょう。

でも、働いて働いて借金を返し、僅かの稼ぎを実家に入れました。娘たちの励みと心の支えは、父母と兄弟姉妹が待つ家に里帰りする盆と正月だけだったのかも知れません。

《誰の目線からか》

わが子可愛かや
子守を可愛がれ
子守の憎さは
おはらハァ　子に当たる

子守唄は三つのカテゴリーに分けられるという説があります。

・一つめ、純粋に赤ちゃんをあやす唄
・二つめ、子守の娘が望郷の気持ちなどを込めて自分の心を慰めるための唄
・三つめ、ひどい雇い主や理不尽な社会に対する反発や恨みの気持ちを込めた唄

なるほどそうだろうなと思います。ただ、どれもみな、歌い手を子守に限定した分類に感じます。

冒頭で触れたように、今回の「おはら節」には、格言・俚諺っぽさが漂います。何かふつうの子守唄とはちょっと色合いが違っているように感じます。そこで、「誰の目線からのもの言いか？」という課題を、筆者なりにあれこれ考え、二番煎じみたいですが、同じく三つのカテゴリーに分類してみます。

・一つめ、〈あんひとたち〉の目線だったら

目線を地主や商人など雇い主、つまり子守を雇う側の人のものと考えてみましょう。

なるほど、たしかに格言みたいな臭いがします。

でも、間違いなく鼻持ちならない「臭い」です。

何でも「自分ファースト」「我が子ファースト」という、その性根が覗いているように思えます。

〈可愛がる〉のは素振りだけ。子守の人格を否定してかかるような目線があり、根っこに差別や蔑視の意識が漂っている、そんな感じがしてなりません。

これが皆で歌い楽しむ「おはら節」に相応しいかどうか…。どうも違うぞと言いたくなります。

・二つめ、《子守》の目線だったら

子守が赤ちゃんを背負ってあやしながら歌う姿を想像しましょう。その様子を、赤ん坊の親（雇用主）が聞いたときにどんな気がするかです。

「ゆりかごを揺らす手」という映画がありましたが、赤ちゃんが今にもどうかされそうで、恐怖が人々を襲い、背筋が凍りつく事態になりそうです。

どうやらこれも宜しくなさそうです。

・三つめ、善意の第三者の目線だったらば

そこで「善意の第三者」の登場です。

市井の人々が子守奉公の娘を不憫に思って歌い、広がっていったとするとどうでしょう。そして、誰もが口ずさむヒットソングになったらと想像するのです。

きっと、子守の境遇が少しでも改善され、子を預ける側の不安も減るのではないだろうかと思います。どちらにも良い方向で、ベクトルが形成される気がします。

もしかすると、娘たちを送り出した両親が我が娘の幸せを願って歌い始め、その思いに、多くの人々が共感・同調して、少しずつ広がっていったのかも知れません。

《球磨地方こぼれ話》

写真は、熊本県あさぎり町「才園遺跡石室」と、免田町の名が付いた「免田式土器」です。

人吉市周辺は古来「球磨の国」と呼ばれ、古代から栄えた一帯でした。ここに「曽の国」（鹿児島の北部一帯）を加えて「熊襲」という名を付けます。

近畿の大王たちが怖ろしげなイメージを被せようと目論んだのが、ことの真相だと言われます。

才園遺跡石室

しかし、石室に眠る大王のもとで豊かな文化文明があったことを示すように、才園遺跡からは金色の馬具が発見されました。古代の馬は今で言うなら、スーパーカー。数千万円もの価値があったはずです。

鞍や鐙を金箔で覆い、動くたびにキラキラ揺れる「杏葉（ぎょうよう）」という金色の馬飾りもこの遺跡から発掘されました。

免田式土器は、考古学者の森浩一に「最も優美な弥生式土器」

だと言わしめました。洗練された技巧と繊細な美的感覚を持つ古代の人々の存在を感じます。

彼らは、火山を神と崇める、加久藤カルデラの盆地に生きる人々でした。

古代は河川交通が主役。球磨川水系は、人吉・あさぎり・湯前を結びます。

九州山脈中央の分水嶺を越えると「日向の国」、一ツ瀬川が米良荘から西都原の古墳群をつなぎます。九州島を横断する重要なルートだったのです。

「南九州には、考古遺跡が少ない」と言われますが、東回り自動車道の工事が進む中、従来の見識を覆す発見が続いています。

「これが学術調査であればなあ」と惜しまれますが、それでも南九州の歴史の深さにドキドキワクワクしています。

免田式土器

隼人塚公園にて

【八畳敷で何が・・・】

好《す》かん殿《との》じょを
八畳敷《はつじょうじき》据《す》えて
見《み》れば蛙《どんこ》どんの
おはらハア
蠅獲《へと》い姿《すがた》

二階堂家住宅（旧高山町）

≪ヘタのヨコズキ≫

この歌詞を解説や注釈なしで理解できる方は、かなりの「かごしま通」だと思います。とりあえず、この歌を味わうために必要な基礎知識や興味関心について思いつくままに羅列してみます。

でもよくよく考えると、これは「ヘタのヨコズキ」の一員である筆者自身の心覚えかも知れません。

・方言に対する興味・関心
・結婚にまつわる習俗への興味・関心
・伝統的な家屋・建築に関する興味・関心
・蛙の生態に関する興味・関心
・家父長制の歴史に関する興味・関心

こう眺めると、けっこう多方面にわたる学習が必要になります。また、必要に応じてフィールドワークも欠かせません。たかが歌詞されど歌詞、なかなか奥の深い世界ですね。

でも大丈夫、心配無用。筆者のような「ヘタのヨコズキ」には等しいレベル・水平な関係の「オトモダチ」がいます。頼もしい「オトモダチ」と一緒にあれやこれや楽しく語り合うことが、何よりの歴史学習だと思っています。

素人だからこそ、旧来の「学説」に捕らわれない議論ができますし、他愛のないおしゃべりの中から地域を見つめるまなざしが鍛えられると信じています。

《八畳敷って何？》

では本論に入りましょう。まず「八畳敷」をどう理解するかという問題です。

県下には、武士たちが住んでいた武家屋敷が当時のままの佇まいを残す屋敷群が「麓」と呼ばれる地域にあります。出水・知覧・入来・高山などが、その代表例でしょう。

けれど、いわゆる「民・百姓」など庶民の住まいについては、見るべき「家」など、ついぞ見当たりません。他県には庄屋屋敷や商家の屋敷など見事な民家が今も残っているのにです。

伝わる様々な資料を見ていくと、鹿児島の庶民の住居の多くは「掘建小屋《ほったてごや》」と呼ばれる建物だったようです。

古代、ヒオウギガイなど、大きな二枚貝を使って地面を手掘りし、柱となる木材を埋め込んだ住居に暮らしました。人間の腕の長さいっぱいを掘りますから、七〇～八〇センチの同じほぼ深さの穴ができます。

柱には湿気に強い松や樫（かし）・椽（くぬぎ）・楠（くす）などが使われたでしょう。この木組みに藁（わら）・萱（かや）・葦（あし）・竹などを壁材にしたり、屋根材・床材にしたようです。

「堀建小屋」（＝掘って立てた小屋）ですから、畳を敷いた部屋などあるはずも無いのです。

きっと、台風の来襲が多いので、壊れない家より吹っ飛んだ後すぐに再建できる「掘建小屋」を選択したのでしょう。

兼好法師が「徒然草」で説く〈夏向きの住居〉であることは間違いないとしても、冬など、さぞかし寒かったことでしょう。

《八畳敷に座る？》

ということで、〈八畳敷〉は武家の屋敷に限定されました。では、そこに座ることの意味は何でしょう。「ヘタのヨコズキ」たちの声を聞きましょう。

「あやよ、板敷《いたし》っ張《ば》いじゃろかい、畳《たたん》の間《ま》じゃろかい」

あれは、板張りの床の部屋だろうか、畳敷きの部屋だろうか

「あんた、御前迎《ごぜむけ》ん前触れじゃっで、どしてん、畳《たたん》の間《ま》よ」

あれは、御前迎ん（結婚式）前の儀式だからどうしても畳の部屋だよ

「八畳敷つぁ、そん屋敷《やしっ》のいっぱん上座《じょうざ》じゃらせんけ」
八畳敷の間と言えば、その屋敷のいちばん上座《かみざ》ではありませんか？
「じゃっど。神様《かんさあ》ん棚《たな》があっどが、いっぱん佳《よ》か座敷《ざしっ》じゃっと」
そうよ、神棚があるだろうが、いちばん佳い座敷だよ
「そん座敷《ざしき》ぃ、好《す》かん殿《との》じょち、そんた、ないごっな」
そんな一番佳い座敷に、好きでもない男性がいるっていったいどういうことね
「そら、どしてん結婚《けっこん》の申し込みよ」
それは、当然、結婚の申し込みだよ
「じゃっどんからん、蛙《どんこ》どんじゃっちぃ、ご無礼《ぶれ》さあなこっ」
それにしても、相手を蛙だと言ってる、失礼じゃないか
「じゃいもんな、『見《み》れば蛙《どんこ》どんの蠅《へと》獲い姿《すがた》』ち、歌《うと》ちょいやっと」
そうじゃない、『見ると蛙さんが蠅を獲っている姿にそっくりだ』と、歌っているんだよ
「そこずい言われんならん殿《どの》じょも、あわれやっどなぁ」
そこまで言われなきゃならない男性も、哀れなものよね
「いっぺこっぺ、よか格好《なり》をしっせえ、嫁ジョに来ゃったもんせち口上じゃが」
精一杯良い身なりをして嫁に迎える口上を言ってるのだよ
「じゃっどんからん、あん頃《ころ》は何もこいも、親が決《き》むい時代じゃったでよ」
しかし、あの頃は何もこれも、親が決定した時代だったからね

「こげなふん歌《うと》うて、笑《わる》しか無《な》かったかん知《し》れんね」
こんなふうに歌って、笑うしか無かったかも知れませんね

「八畳敷」とは、どうやら嫁さんに迎えたいとご挨拶に来られた場面だったようです。方言で歌われる歌詞の向こうに、そこに生きた人々の「貌」が垣間見えたように思います。

《オットイ嫁ジョ》

さて、前段でも多くの注釈を加えたように、「かごんま弁の世界」が醸す雰囲気が、おおいに楽しめる歌詞です。筆者は「おはら節」の中でも傑作と呼ぶべきではないかと評価しています。

しかし、その分、県外の方や年若い方々には「難解」ということになってしまいます。なかなか悩ましい問題です。気を取り直して、かごしまの結婚にまつわる風習を見ていきましょう。

こういう話題のときに参考にしたいのが、南日本新聞の記者として活躍された川越政則氏（故人）の「南日本風土記」（至文社昭和三十七年発行）です。戦前から戦後にかけての貴重な記憶がこめられている得がたい資料です。

その中に「奇習か、オットイ嫁女」という項があります。「オットイ」とは盗むことですから、「オットイ嫁女《よめじょ》」とは、ズバリ「嫁盗み」の話です。

庶民の結婚に関する意識を示す一つの例として面白いので、内容の一部を紹介させてください。

娘を奪うには、かついだり、かかえたり、人目をさけて中宿（隠し家）まで走らなければならないから五、六人の協力者がいる。その協力者を大隅では「トレー」といっていた。

（中略）

大隅には五十数回も嫁女おっといをやったベテランもおり、それらの中にはフロからかつぎだしたこともあるという。

（中略）

女を隠れ家に連れ込んだら、できるだけ早く、まあ当日中には、親元にあいさつするのがおきてになっていた。ふたりが正式だが、ひとりでもよい、トレーは、おそるおそる参上し、おわび半分にあいさつする。

「きゅ、おまんさアやどん、春子さんの、おっとい申したで、よろしゅ頼んもす」

何ともたまげた事件ですが、これもまた庶民の結婚にまつわる風習の一つと思われます。

先日「鹿児島民俗学会」に参加し、教職の先輩である米原先生のお話を聞きました。『添い婿・添い嫁』というテーマでした。これもやはり、結婚にまつわる古いしきたり・習俗です。

報告の後、会員の皆さんが様々な意見を交換する時間となります。「嫁女オットイ」の話題をはじめ、集落で大きな力を持った「青年舎」「娘宿」の実態（もちろん実際に体験した方はいませんが）や「歌垣」「庚申参り」「祭り」の夜の様子とか、目をそらしてはならない「若い世代の性の問題」に関わるエピソードが飛び交いました。

《ひったまがった》

会場にいて楽しい学会の雰囲気を味わいながら、ふと頭をよぎったことがありました。それは、昔読んだ「東方見聞録」です。フビライが治めた元の時代、中国まではるばるやって来たマルコ・ポーロが、後年ヨーロッパで語った記録です。かの書でも「性」に関わる記述が何度も出てきます。そう、なんとなればマルコも旅する血気盛んな若者だったのです。「性」に関するアンテナは、当然のことですが、高かったはずです。

一例として、商人達のキャラバン（隊商）が到着すると、彼らキャラバンが出発するまで、男どもが一人残らず他所へ姿をくらましてしまう村（国）の話があります。その間、妻や娘が商人たちに「性」を提供するわけです。結果、報酬の財貨を受け取る、隊商との交易を仕切る、武力衝突を避け無駄な血を流さない、ある意味貴重な異民族の子種を授かるなど、その村（国）にとって非常に有益なチャンスにするわけです。

したたかな戦略だと「東方見聞録」で述べていました。よくよく考えれば納得できますが、当時は価値観がひっくり返るような思いを持って読んだ記憶があります。

《蛙どんの蝿獲い姿》

数百年という、長い歴史を継いできた「武士」という身分があります。庶民とは違って、武家社会では、何事につけ父親の許しが第一条件。

気の早い家では、まだ幼児のうちに結婚する相手が決まっていたとも言います。親どうしが取り決めたものです。

「政略結婚」が武家にとっては常識で、結婚によって家同士の繋がりを作ったり、時には人質として機能させたりしたのです。

今回の歌詞に出てくるような〈好かん殿じょ〉でも〈蛙どん〉でも、親が決めたら逆らえない。その当時の時代背景をふまえて考えることが大事になります。

さて、かごんま弁で「どんこ」「どんこびっ」と呼ばれるのはヒキガエルだったと思います。トノサマガエルは、たしか「びっきょ」でした。「どんこ」には前後の足のアンバランスさ、のっそり動く鈍重さと、さわるとやばいことになるイメージがあります。ですから、〈蛙《どんこ》どんの蝿《へ》獲《と》い姿《すがた》〉という表現には、外見上のお世辞など、とてもとても言えたものではありません。

初めて会う未来の夫、連れ合いさんになるという〈蛙どん〉みたいなお方が、嫁に迎えたいと、恐縮して、這いつくばって、何度も何度も頭を下げている姿。そんな「八畳敷＝表座敷」の様子を、樋の間（てのま）から覗き見しながら、娘さんはもう笑っちゃうしかなかったでしょうね。ユーモラスな雰囲気さえ感じます。

あとは、未来の連れ合いさんの内面の器量に期待を掛けるべし。三日三月も経てば、姿かたちには見慣れますから・・・。

鹿児島独特の「樋《て》の間《ま》」

【議を言うな】

おはんな
そげん言《ゆ》っどん
そらそいじゃ
ごわはん
人《ひと》の話《ない》を聞《ゆき》いて
おはらハァ
言《い》わ召《め》さんか

あなたは
そうおっしゃるが
そうではないと思います
他の人の意見も
しっかり聞いて
話すようにしてみませんか

北辰斜めにさす処　七校造士館

《郷中教育》

近世、他に見られないユニークな教育方法として注目されるのが薩摩の国の「郷中教育」です。

同じ郷に育つ「稚児（ちご）」と呼ばれる小中学生世代の子ども達を、「兵児二才（へこにせ）」と呼ばれる二十歳前後の青年達が育成・指導するという、極めて自主性の高い制度・方法でした。

これが、幕末以降から親交のあったイギリスに紹介されて「ボーイスカウト」へと発展していったのではないかという記述に接したこともあり、「ヒッタマガッタァ！」と、眼が点と点になった記憶があります。

郷中教育では徹底した論議をする「詮議」が特徴的だったと言われます。あらゆる場面に於いて「当意即妙」の判断力・行動力を形成するための思考訓練です。まず、あるケースを想定します。その際いかに行動するかについて、様々な可能性や妥当性を論議する「ケーススタディ」を何よりも重視したわけです。

当然ですが、「詮議」では年齢の上下に関係なく自由に論議する自由を保障していたそうです。当時の様子をちょいとばかり再現してみましょう。

「うんにゃ、そいじゃなかが。

そんた、こげんせんこてよ。」

いやいや、そうではない。

それは、こういう風にしないと。

「じゃっどかいな。

そげなもんじゃなかごあっどん。」

そうだろうか、

そんなものではない気がするがなあ。

「ないごっか、こんざまは。

もちっとびんたをつかわんか。」

なにごとか、この情けない様子は。

もうちょっと頭脳を使えよ。

「じゃった、じゃった。じゃれば、こんた、どげんじゃろかい。」

そうかそうか。だったら、

こういうアイデアはどうだろう。

「そいじゃが。よかふぃ考えちたが。そいが、よかごあっどね。」

おう、良い方向で考えついたな。

そうするのが、良さそうだね。

まあ、こんな感じでしょうか。いずれにしろ、若い衆の集まりですから、結構ドラスティックな（過激な・大胆な・徹底した）雰囲気を持つ思想訓練の場であったでしょうし、育ち盛りの彼らにとっては、かなり有意義な「時間・空間・仲間」のそろい踏みになっていたようです。

《死ぬも生きるも、一蓮托生》

ですから、同じ郷中の人間は、将来にわたってたいへん仲がよろしい。何事につけ「一蓮托生」という傾向を強く持ち、やがてそうした派閥や人脈が、「薩摩の芋蔓」と揶揄されるほど、郷中の仲間をなによりも大事にしました。

その顕著な例が、津本陽著「薩南示現流」（新潮文庫）にあります。一部を紹介します。

◆示現流というのは、薩摩の島津藩で行われていた剣道で、その使い手の指宿藤次郎が、京都祇園の石段下で見廻組に殺された。むろん幕末のことである。

そのとき、前田某という若侍が同行していたが、彼はいち早く遁走した。指宿は五人の敵を倒したが、下駄の鼻緒が切れて転倒し、無念の最後をとげたという。

その葬儀の場に、橋口覚之進という気性のはげしい若侍がいて、焼香の時が来ても、棺の蓋を覆わず、指宿の死顔を灯のもとにさらしていた。彼は参列者の中から前田某を呼んでこういった。

「お前が一番焼香じゃ、さきぃ拝め」

ただならぬ気配に、前田はおそるおそる進み出て焼香し、指宿の死体の上にうなだれた。その時、橋口は腰刀を抜き、一刀のもとに首を斬った。首はひとたまりもなく棺の中に落ちた。

「こいでよか。蓋をせい」◆

敵前で、仲間を置いて逃げるなどあり得ないという、郷中の気風を伝えるエピソードだと思います。前田某にしても、この日、葬儀の場で首を落とされることを十分に覚悟し、むしろ最後は、そう望んでいたのだろうとも思えます。

こんな気風ですから、必然他の郷中とはたいへんに仲が悪い。ケンカも多いということになります。少年期の西郷隆盛が、よその郷中とけんかになり、「刀を抜く抜かない」の状況の中で腕を負傷したというエピソードも、このぴりぴりした関係を伝えています。

いざ戦闘。共通の敵に向かう際、よその郷中に後れをとることが最も恥ずかしいと彼らは考えます。よその郷中というのは、とにかくライバルであり、時には敵に近い存在でさえあったらしいのです。

さて、ひとつの命令が出たとき、その命令を最も効果的に果たすための作戦と行動は、郷中で構成された分隊など小集団で考え決定したと言います。戦場で起き得る様々な状況や可能性を吟味し、すばやく行動するための作戦会議で詮議の蓄積が生きてくるのです。

また、仲間のために我が身を犠牲にするような命がけの行動も平気です。以心伝心、兄弟以上の結束力だったのです。

幕末から明治にかけての革命戦争、鹿児島の青年たちがおおいに活躍したその源には、この郷中教育の効果が大きかったと断言できるように思います。

《わいが、議を言うな!》

わたしおんじょ世代は、常日頃、

「わいが、議を言うな!」

と、親や先輩から言われて育ちました。

「いらん文句など許さん、絶対に服従せよ」

一個学年が違うだけのことで・・・、厳しい上下関係が強制される雰囲気だったように思います。随分悔しい思いもしました。

「あれえ、詮議を大事にしたのに何故?」

と言いたくなりますね。しかし、よく考えてみると、

「いざ行動を始めたら～」

「一度決めた以上は～」

などの前提を置いて聞くべき言葉なのだろうと、今は思うようになりました。

詮議を尽くす、論議を尽くす。その思考習慣の繰り返しで当意即妙の判断力を訓練する。そして、一致した判断と結論のもといざ行動を起こしたら、

「議を言わない」

「もはや議を言っている場合ではない」

「今は、とにかく議より行動」

そういう世界でしょう。そう考えるとき、

「論議を大切にする気風があったのだな」

「丁々発止のやりとりがあってのことだな」

というイメージを無理なく思い描くことができそうに思えます。

《赤崎勇博士》

六〇年に及ぶ「青色ＬＥＤ」研究の歩みが世界に評価され、ノーベル賞を受賞された赤崎勇博士。鹿児島市の大龍小学校が母校です。

博士の青春時代は、あの昭和の長い戦争の中にありました。

鶴丸城の跡地にあった「第七高等学校造士館」は、学徒動

鶴丸城御楼門

員・勤労動員で生徒がいない状態になります。学生の学び舎は軍隊が駐屯する場所になりました。そして六月一七日の「鹿児島大空襲」によって完全に灰になりました。

当時、二中（甲南高校）の生徒だった赤崎さんが憧れた「七高」は、消えてしまったのです。

出水市の下水流小学校近くに、戦時中飛行訓練用滑走路があり、近くに残った建物が、戦後しばらくの間七高造士館の代替地となりました。

戦争が終わり、二中から七高に進んだ赤崎さんでしたが、この場所で約二年間の高校生活を過ごすことになります。

自伝「青い光に魅せられて」（日本経済新聞社）や評伝「赤崎勇その源流」（南方新社）を読むと、赤崎さん達がこの代替校舎で、同じ世代どうしで徹底した「論議」を経験したことがうかがわれます。

貸したり借りたりをしながら、むさぼるように岩波文庫を読み、悲惨な食糧事情・教育条件にありながらも、近い世代の仲間どうしで、さまざまな科学や思想を吸収したのだろうと想像できます。

あまり知られてはいませんが、赤﨑さん達よりほんの少し年上の「七高生」には、長崎の造船所に動員され、八月九日の原爆で命を落とした方々がありました。ですから、赤﨑さん達は平和を希求する強い信念を胸に刻み、文系・理系に関わりなく、あらゆる問題を徹底的に論じあったことでしょう。

設備など何も無いバラック校舎で、暑さ寒さや飢えと闘いながら、同世代の仲間と丁々発止の議論を積み上げていく。それはちょうど、郷中教育で行われた「詮議」に重ねて見えてきます。

《自由を胸に》

赤﨑さんは、湯川秀樹博士を輩出した京都大学に進みます。

「大学というところは、
何かを教わるところではなく、
将来、何かの問題にぶつかったときに、
それをどうやって解決したらいいか
ということを
自分でつかみとるところなんだよ」

この言葉に代表される大学の自由な学風に加え、教授・学生が上下の別なく研究と論議を尽くし合う姿。学生時代の赤﨑さんを想像するときに、今回の「おはら節」がますます心に迫ってきます。

あの戦争の頃、お国のリーダー達は国民に対してなんとなく今の状況とも重なる、ちょぃいと気になる「合い言葉」を使っていたそうです。

「寄らしむべし、知らしむなかれ」

（命令にただ従うようにするべきである、

真実や情報などを知らせてはならない）

一見、「議を言うな」と似ているようであります。が、しかし、これまで縷々述べてきたように、まったく真逆の世界です。「寄らしむべし・・」は議論に蓋をすること、議論を封印することでした。

おはんな　そげん言っどん

そらそいじゃ　ごわはん

郷中は、自由闊達な議論が保障される場所だったのです。議論から逃げたり議論を封じ込めたりしたら、ろくな結果になりません。人々を戦争の惨禍に導いた過去が語りかけてきます。歴史がそれを教えてくれます。

水平な人間どうしの関係で自由に議論し合うことの大切さを「おはら節」に学びたいと思います。

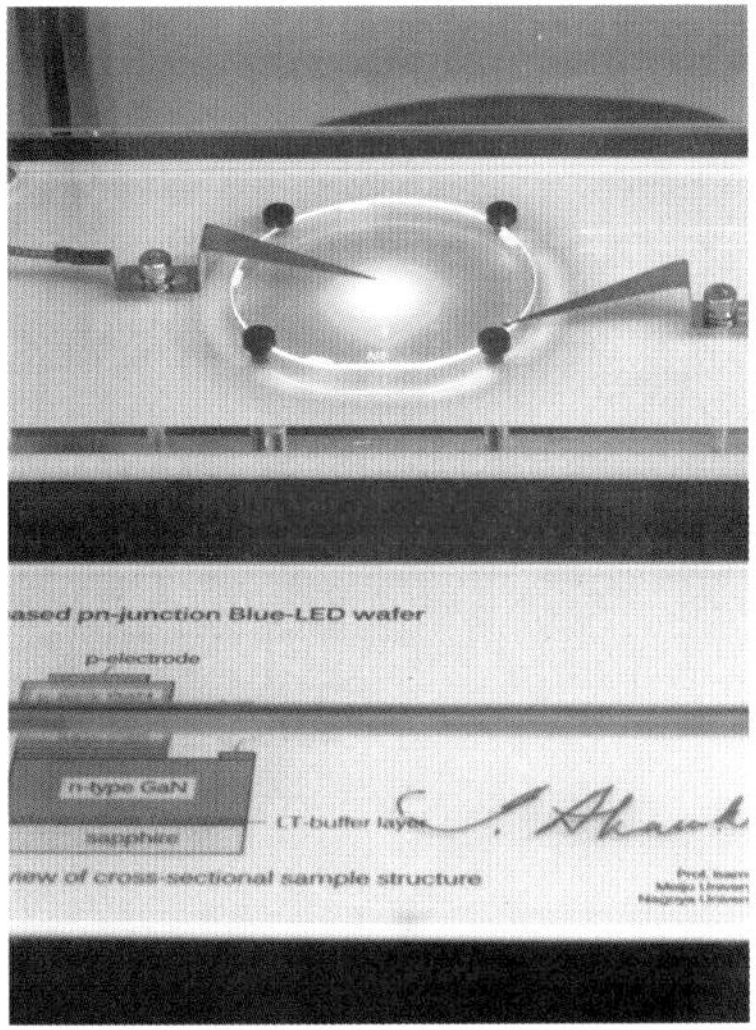

世界に僅か三台だけの青い光
（大龍小学校ノーベル賞の部屋）

キャラクター紹介《しょうかい》

でおどん

別名「弥五郎どん」の
名でも知られる伝説の巨人
しっかり者で、みんなの
リーダー的存在

侏儒どん

霧島市は日当山に住む
とんちの達人
小さい体が特徴
頭の回転のはやさは
ぴかいち！

みそP

だっきしょ三姉妹の三女
ハワイの食堂で長年
働いていた経験がある
豪快な性格

しっちょいどん

もの知りで、ひとに
うんちくを披露するのが
大好きなおじさん
「あんねぇ知っちょいや」
が口ぐせ

さたP

だっきしょ三姉妹の長女
甘い物と抹茶が大好き
おっとりした性格

しおP

だっきしょ三姉妹の次女
うわさ話が大好き
世話好きのしっかり者

【百姓逃散】

行《い》こやはっちこや
太鼓三味線《てこしゃんせん》
背負《かろ》うて
何処《どこ》も日が照る
おはらハァ
天《あま》が下《した》

行きましょう
行ってしまいましょう
太鼓と三味線を
背負って。
どこも等しく
日の光が照らす
慈悲の世界ですから

親鸞聖人像　東京築地本願寺

《逃げ水の七郎太》
〈この命に代えても百姓は守る〉
〈天下の大罪「百姓逃散」を企てる謎の侍、七郎太。武の国薩摩大隅半島で、国境の戦いが始まる。〉

二〇一五年に出版された「逃げ水の七郎太」（三沢明郎著、幻冬舎）に使われたコピーです。本の帯に強く心惹かれて購入し、一気に読み終えました。

著者の大隅半島へ注ぐ愛情・独特な歴史観・人間理解の深さに感銘したことを覚えています。

おそらく著者がテーマにしたであろう、

「百姓たちの命をかけた逃散」

という、歴史に埋もれてきた世界。その闇の実像を浮き彫りにしながら、

「にもかかわらず、どこにあっても賑やかで、歌や踊りが三度の飯よりも好きな人々」

という、まるでラテン系かと思うような、相反する明るいイメージを重ねて描く筆力に、魅力を感じたものです。

今回紹介する「おはら節」も「百姓逃散」と「テコシャンセン」がセットになっている歌詞内容です。ということで、「まさか、小説の世界を、まんま表現してるってんじゃあねぇだろうな」

などの、厳しい突っ込みが入りはしないかとヒヤヒヤしているところです。

《逃げるとは？》

歌詞の始まりを見ていきましょう。

〈行こや　はっちこや〉

〈太鼓三味線《てこしゃんせん》　背負《かる》うて〉

断っておきますが、これは旅のお誘いをしているのではありません。つい、

「どっか行っが、ほい」

「うん、行っが行っが、ほい」

と、相槌を打ちそうになります。

しかし、続く〈はっちこや〉とセットになるとどうでしょう。元来〈はっちく〉には、果てしない所まで行ってしまうという意味が込められていますので、「家出」「駆け落ち」「出家」「蒸発」「行方不明」など、自分とこの世をつないでくれる一切との縁を裁ち切ってしまうイメージを強く表出します。

ですから、

「何処までも行ってしまおう」

「暗い闇にまぎれて逃げていこう」

「もうここはいやだ、こんな所にはいない」

「行く先は、あの世でも構わない」

「ここで生きるより、死んだ方がましだ」

という、強く重い決意があるのだと、分かってきます。その理由は後々述べることとして、それでも逃げるときには、

「テコシャンセンを身から離すなんてとんでもない」

「着る物食べる物よりテコシャンセンを持って行く」

「テコシャンセン無しには逃げない」

という、パワフルな宣言に目が行ってしまいます。住み慣れた家を捨てていくのですから、持っていくべきものは他にもある

筈なのにと、思います。

でも、この歌に関して、何となく底の深さを感じるのはなぜでしょう。

《派手の語源》

さて、「本手《ほんて》」と呼ばれる三味線の主流と言うべき弾き方に対して、「派手《はで》」（破手）と呼ばれる新しい弾き方が江戸時代の後期に生まれ、一世を風靡したそうです。「本手」が、

「チン、トン、シャン」

と、一音一音を丁寧に聴かせ、たおやかな響きを聴かせるのに対して、

「ジャンカ、ジャン、ジャンカジャン」

と、三弦を一気にかき鳴らす賑やかな響きを「派手」と呼びました。そうです「派手」の語源です。

ちょうど、１９６０年代に「ロックンロール」が人々を熱狂させたような強烈なムーヴメントだったことでしょう。

派手に歌い、派手に踊って、魂を解き放つ体験は、これまで踏みつけられるように生きてきた人々に、「自由」への衝動を強く掻き立てただろうなと思います。

人々の鬱屈した心情を解放し、外に向かって一気に吐き出させる装置として機能するのに十分だったことでしょう。

「ええじゃないか、ええじゃないか、よいよいよ～い」

歴史で学んだ「ええじゃないか」の、あの民衆が踊り狂う姿、

乱れ、大騒ぎ。その爆発的エネルギーが幕末という時代をゆり動かしたと言います。

人を土地に縛り付け、農産物に税を課す封建制の支配方法。収奪・簒奪・搾取を生業とした武士中心の社会が民衆のパワーによって破綻に向かうのです。

「百姓」とは、文字通り、百種の生業に携わる人々です。農民を始め、漁業・林業・手工業・鉱山・商業・交通など、あらゆる種類の労働者が武士たちに抑えつけられてきましたが、「なんもかんもほっぽりだして、もう、逃げちゃうぞ。どこかへ行っちゃうぞ！」と、皆が雪崩を打つように生業から離れ、歌い狂い・踊り狂いの毎日を始めたわけです。

武士社会は「一揆」より「逃散」を何よりも怖れたと言います。「一揆」は力で潰せば済むのですが、「逃散」で失われる生産活動は、どう回復しようにも術がありません。

お米に依ってきた体制、数百年続いた封建体制がこうしてもろくも崩れ、ひとつの時代が終焉するのです。

《隠れ念仏》

鹿児島には今も数多く「隠れ念仏」の遺跡が残っています。

幕府が行ったキリシタン信者に対する厳しい取り締まりと拷問。それに似たような過酷な仕打ちを薩摩の国は念仏信者に行っていました。

今、大阪城が立っている場所は、大阪湾が深く入り込む湿地に面して聳える、「上町台地」の先端部です。

この高台に「石山本願寺」という拠点を作り、顕如と門徒たちは、織田信長の軍勢と一〇年に渡る長い抗争を続けました。

また、一〇〇年を「百姓ノ持チタル国」とした「加賀の一向一

柱に隠された仏像（南薩摩地方）

揆」もありました。

徳川家康も「三河の一向一揆」に悩みます。念仏に帰依する武将が多かったからです。

家康は、起請文の約束を反故にする禁じ手まで使って、中心となった寺院の徹底破壊と有力な家臣の追放処分という苦渋の決断を行います。

そうした事情をよく知る島津氏は、領国の軍事支配・年貢などの経済支配・政治体制を維持する上で、結束力の強い念仏門徒の存在を何が何でも排除したかったのでしょう。

安丸良夫「神々の明治維新」（岩波新書）に興味深い記述があります。薩摩のお隣、相良氏の支配する人吉で天文一二年に出された「相良氏法度（さがらしはっと）」に触れた部分です。

一、他方より来《きた》り候《そうろう》ずる祝《はふり》・山伏・物しり、
宿を貸すべからず候。祈念《きねん》等あつらへ
べからず。一向宗基《もとい》たるべく候《そうろう》。
一、一向宗《いっこうしゅう》の事《こと》、いよいよ法度《はっと》たるべく候《そうろう》。
すでに加賀の白山もえ候事、説々顕然《せつせつけんぜん》
に候事《そうろうこと》。
一、男女によらず、素人の祈念・医師《くすし》取《とり》いた
し、みな一向宗と心得《こころう》べき事。

一向宗門徒の動向に対する、細かい目配せの有り様が伝わってくる法度です。

「権力が編成しようとする身分制的な政治的社会的秩序とは異なった原理で人々を結びつけうることは（中略）相良氏の編成しようとしている秩序を脅かしうるものだ」

氏の解説は、薩摩の国にもそのまま当てはまる、大事な指摘だと思いました。宗教＝信仰による人々の結束力を、為政者が何より怖れた証として受け取るべきではないでしょうか。

《隠れ念仏》

私の母は、三味線やゴッタンに合わせて歌うのが大好きで、何かにつけては「南無阿弥陀仏」を唱える熱心な浄土真宗の信者でした。

母に「畩吉（けさよし）」という兄がいました。私の伯父にあたります。

僧侶が肩に掛ける法衣が「袈裟＝畩」と呼ばれます。ですから、「畩」が付く名前は、念仏信者の強い思いが込められた命名だそうです。そうなると、「畩吉」を命名した祖父「勘右衛門」も相当熱心な信者だったと分かります。

隠れ念仏の窟　旧郡山町花尾

母の生家は旧財部町。宮崎との県境で念仏講の盛んな土地だったと聞き

信者への拷問を表現した木像

ます。

明治初めに生まれた祖父の先代は江戸時代の人。おそらくわがご先祖は「隠れ念仏」に参加していたのではないかと推察されます。しかし写真に見るように、発覚すれば、恐ろしい拷問が待っているのです。

薩摩半島の人々を故郷から引き剥がし、大隅半島の労働力として強制移住させる「人配（にんべ）」と呼ばれる制度・施策に不満を持つ人々がいました。念仏の信者の中にも、自由を求めて他国へ脱出しようと願う人々がいました。さまざまな事情が重なり、彼らは「逃散」という最も過酷な命懸けの選択をしたわけです。

財部という土地は「逃散」の通過点に位置します。お隣の都城を経て、薩摩の国の外へ逃げるのです。通過地点の住人にも、実は「信者」が多く、逃げる人々を懸命に支えました。

屋根裏や馬小屋の藁の中に匿い、なけなしの食べ物を与え、情報を伝え、ときによっては幼な子をわが子として預かったりしたと伝わります。

通過点の人々も命懸けだったわけです。しかし、こういう援助・施しこそが「布施」そのもの。阿弥陀如来が、人々に救いを施す「布施＝無償の行為」に等しいと、感じていたのではないでしょうか。

《生きる・浮かれる》

鹿児島には、「ハンヤ節」という賑やかな調子があります。誰もがよく知る民謡です。

ジャンカジャン、ジャンカジャン・・・

その派手な撥さばきもおはら節と似ています。

ドンドコ、ドンドコ・・・

太鼓が呼応し始め、にぎやかな座になります。余興が盛り上がってきますと、もうたいへん・こらたいへん・あらたいへん。みんな立って踊りだします。奄美の「六調」や沖縄の「カチャーシー」と同じ南国の血を自覚させる、底ぬけに明るく火のように熱い「総踊り」の始まりです。最強にして無敵の、「狂騒の世界」が延々と繰り広げられます。申すまでもなく、騒ぎの後にはエロチックな「営み」もそこここであったでしょう。悦楽の境地を極め尽くすということです。

ことほど左様に、誰もが浮かれソワソワする「テコシャンセン」のパワー。人々はこれを抱えて苦難の道を逃げて行きました。「苦しみ」を乗り越えるために「浮かれ」を携えて行く。「テコシャンセン」こそ「逃散」という命懸けの行動を選択した人々の精神的支柱ではなかったかと強く強く思います。

【花はキリシマ】

花は霧島
煙草は国分
燃えて上がるは
おはらハァ
桜島

２０１８年５月のモシターン誌で、おはら節のルーツについて筆者なりの考察を紹介しました。富山の薬売り「越中どん」が「越中おわら節」を伝えたことが「おはら節」の始まりではないかという仮説に基づく物語でした。

当時の列島は、舟運で全国の港が強く結ばれて、経済の大動脈を形成していたわけなので、海運・水運の検証が歴史を考える上で大事な作業ではないかということを「おはら節」の来し方に言寄せてお伝えした次第です。

今回は歌われる「花は霧島」にスポットを当て、この花の正体を見ていこうと思います。

その動機はモシターン誌１２５号（２０１０年８月号）にありました。「花はキリシマ＝映山紅を求めて」と銘打たれた巻頭特集。故人となられた伊地知南さん（当時の南日本新聞霧島

映山紅

支局長）が、情熱を込めて取材されたレポートに大きな衝撃を受けたのです。

《霧島連山》

霧島連山は神秘の山。古代から山岳信仰の対象でした。神道も仏教も修験道もそれぞれの堂や祠などを作っていて、登山道を歩いていると、ひょっこりその痕跡に出会う機会があります。秀麗な山容を見せる高千穂の峰を始め、中岳・新燃岳・韓国岳・白鳥山・栗野岳などが連なり、屋久島とともに1934年、日本初の国立公園に指定されました。

霧島連山に咲く花の代表は何と言ってもミヤマキリシマ。初夏の頃に愛らしい薄紅色の花を付け山々を鮮やかに彩る野生のツツジです。実を言いますと、私は「おはら節」の花をミヤマキリシマだとずうっと思っていました。また、そのつもりで「おはら節」の原稿をまとめていました。しかし、それはとんでもない間違いでした。霧島連山には強烈な赤い色彩を持つ別なる存在があったのです。

《大河平《おこびら》の映山紅《キリシマツツジ》》

昨年の四月初旬。「おてっちきおはら節」の最初の原稿を国分進行堂へ届けた日のことです。赤塚社長から伊地知さんの特集記事の存在を紹介されて、「目から鱗が落ちる」驚きとまだ見ぬ「映山紅」に対して初恋に似た胸ときめく思いを抱きました。

もう我が目で見たくて、逢いたくて、そこに行って確かめたくて、たまらなくなって、四月の末に宮崎県えびの市まで出向きました。特集記事にドカンと居座る写真「大河平小学校」（休校中）を目指したわけです。しかし、花の姿はありません。たまたま道を歩いておられた方に尋ねると、

「一週間遅かったどなあ、もう終わったよ。」

う～ん残念、徒労の旅となったか・・・・。

それから半年が過ぎたある日、何気にNHKの「新日本紀行・奥能登」を見ていますと、なんと「キリシマツツジ」の映像が流れるではありませんか。あの記事で「能登のキリシマ？」と紹介された通りの深紅の花。

刺激を受け、モシターン誌のバックナンバーを見ていきますと、新東晃一氏「霧島信仰と奉納鉄鉾第九回」の記事にも「霧島躑躅」の存在が絵図入りで示されています。

さらにさらに、NHK教育に「趣味の園芸」という番組があって、そこでも「江戸きり島」というツツジが詳しく紹介されました。これだけ火を付けられるのも何かの運命でしょう。こうなったら、もう一ぺん「大河平」に向かうしかありません。で、今年の春に再訪となりました。

大河平小学校には、100mを優に超える真っ赤なツツジの生け垣が校門を挟むようにして両側に続いていました。あの映山紅が、今度こそ満開で迎えてくれたわけです。

学校周辺を散策すると、地区全体でこの花を大事に育てていらっしゃる様子が分かります。気がつけばあの家にもこの庭にも、数百年の歴史を刻んだと思われる映山紅の大木が、見事に花を咲かせていました。歌詞に歌われる花に、こうして出会えた喜びはことのほか大きく、私にとって忘れられない人生の宝物が増えたように思いました。

大河平小学校の映山紅

大河平小学校には「大河平ツツジの由来」を説明する看板がありました。

「このつつじは大河平領主、大河平左近監隆俊という人が島津義弘公の設計で邸宅を造った際、霧島山中より映山紅（キリシマツツジ）の見事な物だけを集めて庭木にしたものと言われます。植えられたのは天正十年～中略～四百年もの長い間、大河平の歴史を見て来たツツジです。大切に育てて下さい。」

やや薄曇りの日でしたが、私と同じようにカメラを手にして盛んにシャッターを切る人々が次から次に訪れます。校庭には家族連れも数組いて、楽しそうに遊ぶ子どもたちの声が聞こえてきました。

《北前船の繁栄》

かつて「陸の孤島」と呼ばれていた奥能登。四〇年ほど前、新婚旅行で訪れた土地でした。金沢市からレンタカーで出発して、羽咋（はくい）市の「千里浜なぎさドライブウェイ」という、砂浜の上を実際に走るルートを含む、海岸線に沿う旅でした。（因みに、筆者の実家、仏壇にある線香立てにはきめの細かい千里浜の砂が入っています）

砂浜を歩けば、足元から砂が崩れてしまうため、歩きにくいのが普通です。なのに、舗装なしで車を走らせるというのは、よほどきめの細かい、言わば微塵の砂でなければ不可能です。言い換えれば、岩や石を微塵にまで砕き尽くす、「荒ぶる力」があったわけで、その「荒ぶる力」の正体こそ日本海の荒波の力。その悠久の積み重ねだったのです。能登半島にたたきつける、冬の日本海の荒波が作った「奇跡のドライブウェイ」とも言えるでしょう。

さて、奥能登と言えば「輪島市」が有名ですが、「珠洲」・「能登」・「穴水」などの市や町も、能登半島の先端に古い歴史を刻んでいます。

ただ、行き着くまでに、

「随分時間がかかったなあ、遠かったなあ」

という記憶があって、陸の孤島という表現に強い説得力を感じたものでした。

けれども、「北前船」で財を成した時国家（ときくにけ）の豪壮な屋敷を見たり、輪島塗りの伝統技術を目にしたり、賑やかな朝市を往き来したりするうち、この地方の往時の繁栄ぶりが、ビンビン伝わってくるのを感じました。

日本海に突出した能登半島の先っぽこそ、かつて日本列島の最も重要な港だった。いや、列島だけでなく、朝鮮半島・中国東北部・渤海と呼ばれたアムール川流域・蝦夷地・樺太島の人々とも交流・交易を行ってきた国際港だったのではないか。そういう地政学的な立地条件に思いを馳せることでした。

江戸時代、命懸けで荒海を渡った「北前船」に代表される海上航路は、物流を一手に担いました。

一七世紀後半に、川村瑞賢による「西廻り海運」の整備によって、「北前船」は瀬戸内海に入り込み、大阪まで船を寄せるようになりました。大阪から江戸をつなぐ「東廻り海運」の整備と相まって、海が全国を繋ぐ道が完成したわけで、こうしたことが、北前船の拠点であった奥能登に、ますます経済と文化の繁栄をもたらしました。

「北前船」は、ほぼ一年がかりの船旅ですが、一回の航海で今の数億円にあたる利益を上げたそうです。その仕組みは北海道で昆布を仕入れることから始まります。昆布の仕入れには、お金ではなく米や塩との交換で決済します。大量の昆布を大阪まで運んで、今度は米や塩と交換する。これが基本的な交易の手法です。

北前船は日本海沿いや、瀬戸内海の港々で昆布を次々に売りさばき、空いた船倉に寄港先周辺の産物を積み、また次の港で

民家の霧島躑躅　大河平にて

売りさばいては、また仕入れて・・・を繰り返しつつ商都大阪に向かいます。

大量の昆布が次から次に商機を生み出し、わずか一〇ヶ月の航海で莫大な利益を上げたのです。

《なんで「のとキリシマ」なの？》

荒海に乗り出す命懸けの航海は、能登の人々にとって、貧しさから這い上がる術となりました。海上の道は、船乗りたちにもビジネスチャンスを与えたのです。船は海賊などの襲撃を逃れるため、夜になると必ず安全な港に寄ります。港で停泊している合間に、あるいは風待ちをする期間に、私的な交易を行って私財を膨らませることができたのです。

注：備前岡山の「牛窓千軒」など、「〇〇千軒」と称する古い港町が全国にあります。鹿児島では「志布志千軒」が有名ですが、中世から近世にかけての、海上航路に関わる繁栄の歴史を私達に語りかけているのだと思います。

とにもかくにも一度船に乗っちゃえば、港々の旅館などでドンチャン騒ぎができるほどの「稼ぎ」を手にしたと伝わります。

このような成り行きで「富」を手にした奥能登の人々が、「園芸」という贅沢な「道楽」を始めたのではないかと推察するのです。

列島全域を巡る船旅と、奥能登の栄華を今に伝える象徴が、「のとキリシマツツジ」だと、番組で紹介していました。

そのツツジがやって来たのは江戸からか大阪からか、あるいは薩摩から直接だったのか、由来は定かでありません。けれど、奥能登では花の時期が五月の僅か三日ほどなのに、そのたった三日のために一年をかけて手入れを続けるのだそうです。樹齢数百年とも伝わる、五m近い大木が深紅の花をびっしりまとい、民家の庭に堂々とたたずむ映像に、言いようのない感動を覚えました。

《なんで「江戸キリシマ」なの？》

今から300年以上も前、平和だった元禄時代に流行した園芸ブーム。中でも、色とりどりのツツジは大人気でした。「趣味の園芸」では、次のように説明していました。

「江戸郊外、今の豊島区に旧染井村があって、植木屋の伊藤伊兵衛が「本霧島」と呼ばれる霧島山中の野生のツツジを大阪から取り寄せます。ほんの数本の古木から挿し木の技術で幼木を育て、伊藤家は「きり嶋屋」を新たな屋号に掲げます。育てた苗木を広大な庭にびっしり植え、古木三本を目玉にして大勢の客を呼び込みました。」

今ならば、大規模園芸センターでしょう。ここで「きり嶋屋」はキリシマツツジのコピー種を大量に作り「江戸キリシマ」という名を付けて、全国に売り裁き、育て方まで教える新しい戦略で大成功を収めたわけです。

あの「ソメイヨシノ」を全国に広めたのも染井村の植木屋集団でした。桜のクローン種とも言われますが、恐らく似たような手腕が振るわれたに違いありません。う～ん染井村、恐るべし!!

解説者として登場した、新潟県立植物園の重松氏によると、全国の「本霧島」のDNAを調べたところ、全て「きり嶋屋」こと伊藤家のものと一緒だったそうです。言うまでもなく、そのルーツは霧島山中で採取されたツツジの古木。その遺伝子が、燎原の火のように各地へ広がったという図式を思い浮かべるとき、歴史のロマンを強く感じます。

《やっぱり「花はキリシマ」だった》

「花は霧島」とは映山紅《キリシマツツジ》のことでした。江戸時代中期から後期にかけて、その花の燃えるような真紅は、間違いなく人々の心を鷲づかみにしたことでしょう。皆に愛され名を轟かせた花樹だったからこそ、薩摩の人々は誇らしげに「花はキリシマ」と、おはら節で歌い伝えたのだと思います。

伊地知さんのレポートに出会ってから1年半が経ちます。感謝の気持ちで胸が一杯です。

芝桜と映山紅

【番外編　ちゃわんむしの歌】

今から六年前の正月のできごとでした。名古屋から帰省してきた孫娘（当時三歳）が、初詣に出かけるワゴン車の中で、突然、歌い出しました。

うんだもこりゃ
いけなもんな
あたいげぇどん
ちゃわんなんだ
ひにひにさんども
あるもんせば
きれいなもんぐゎんさ
ちゃわんについた
むしじゃろかい
めごなどけあるく
むしじゃろかい
まこて　げんねこっじゃ
わっはっは

「え、え〜っ！！」と、わっぜぇひったまがったわけです。県民におなじみの「ちゃわんむしの歌」ですが、名古屋で暮らす三歳児が知っている理由がよく掴めません。もちろん教えた覚えもありません。もしかして娘（＝孫娘の母親）が教えたの

か、「だとすればさすがだな」と思いながら尋ねたところ、「NHK教育テレビの『にほんごであそぼう』で、ほぼ毎朝
　歌われているよ」

との返事が返ってきました。しかも、踊りまで付いているのだとか・・・。

家に戻って確かめると、大人気の振付師ラッキー池田さんやタレントの面々が、確かに、

「うんだもこら～、い～けなもんな」

と歌い踊っています。しかも、その舞台は磯浜の「仙巌園」、あの大きな大きな石灯籠の前、そう、日本で初めて灯されたガス燈の前でした。

このときの驚きと嬉しさ、孫たちとサヨナラをした大きな安堵感を感じながら「ちゃわんむしの歌」に寄せた思いを書き溜めていたわけです。

で今回、そのときの文章に少し筆を加えました。これも「郷土の名曲」だと思います。みんなで歌っておおいに楽しみましょう。

《かごんま弁で歌いましょう》

「ちゃわんむしの歌」を知らない県民は、おそらく少数派でしょう。県民ならば、歌詞のだいたいの意味・内容が理解できていると思います。
サテ、ダレニオソワッタモノカ・・・
と、いつ覚えたかどうかの記憶が曖昧な方も、歌の解釈を楽し

んだり、歌に表現された状況をあれこれ想像したりするのは、ほぼ「OK牧場」でしょう。

ましてや、こうした話題をあれこれ語り合うことで、笑いが増え元気が出ることでしょう。

さまざまな「いわれ」や「解釈」が交わされる場に参加できたら、自分の考えや今まで聞いていたのと違った解釈に出会って、新鮮な喜びを感じることもあるでしょうね。

詩人の金子みすゞも、代表作「わたしと小鳥とすずと」で「ぜんぶちがって、ぜんぶいい」と言ってます。違うからこそ、面白いし豊かである。違っていることが素晴らしいという発想です。

で、私の解釈を書きたいと思います。『茶わんむしを初めて勧められたときのご婦人方』と設定してみました。まず、歌詞と訳を交互に。

ちゃわんむしの歌

うんだもこりゃ　いけなもんな
　あれまあどうしたことでしょうか
あたいげんどん　ちゃわんなんだ
　わたしの家の茶碗などは
ひにひにさんども　あるもんせば
　日に日に三度も洗っておりますので
きれいなもんぐゎんさ
　綺麗なものでございます

ちゃわんについた　むしじゃろかい
　茶碗に付いた虫でしょうか
めごなどけあるく　むしじゃろかい
　目籠など歩きまわる虫でしょうか
まこてげんねこっじゃ　わっはっは
　本当に恥ずかしいことです　わっはっは

最後に〈まこてげんねこっじゃ〉とあります。この感情をどう受け取るかが、意見が分かれるところと見ています。どういうことかと言いますと、

Ａ　茶わんに付いた虫を客に出すなど信じられません。恥ずかしい限りです。

Ｂ　茶わん蒸しという料理も知らずに、おかしげなことを考えてしまった自分のことが、今思うと、とても恥ずかしい。

相手のことを笑っているＡさん派なのか、それとも、自分自身を自分で笑っているＢさん派なのか、そういう選択です。でも、すでにお気付きと思いますが、それぞれに楽しいところがあって、どちらの意見も「曰く捨て難し」ですよね。繰り返しになりますが、やはり、

「ぜんぶちがってぜんぶいい」

この心境で臨むとしましょう。

《ある物語》

では、「話主」（わしゅ＝しゃべった当人）を鹿児島在住のお上品な奥さまということにして、次の物語を考えました。大まかに状況を説明します。

どこか遠い土地に出向き「お呼ばれ」になったハイソな奥様AさんBさんです。

そこの主人から「茶わん蒸し」なる料理が振る舞われると聞いたわけです。生まれて初めて耳にする料理名でした。

鹿児島に戻り、そのときの顛末を語ります。多分、事後報告を待ち受ける聞き手も、それはそれはハイソな奥様方だったことでしょう。

では、実況中継を始めます。

A「あたいどま、がっつい験《げん》無《ね》かったが」

B「ほんのこて～、まあ、聞《きい》っくいやんせ」

A「そこん衆《し》がな、チャワンムシを食《た》もいやんせち、言《ゆ》やったと」

B「そんたないじゃんそかいち、聞《き》っもでけんじ、我達《わがたっ》で考《かんげ》え方《かた》じゃやした」

A「チャワンムシをお出ししますち、ないの虫か知れんと」

B「ほいで、虫を出っしゃっち。ん～のこて、けすっちょいっこっ」

A「茶わんにひっ付《ち》た、虫しゃろかい」
B「目籠《めご》などけ歩く、虫じゃろかい」
A「あたいゃもう、たまがっせぇ、そこん先《さっ》で、はんとけかたぐゎした」
B「つぐるじんなんどでけんじ、ほんのこて良《よ》しぐゎしたなぁ」
A「お前《まん》さあ、一時《いっとっ》待っちゃい、こげな所《とこい》で、そげなふて声を・・・。ちった験無《げんね》みちょ知っちょらんと」
B「験無《げんね》ち言《ゆ》うてん、ここん衆《し》にゃかなわんてぉ。チャワンムシを出っしゃっち。あたぃやもぅ、腹《はら》ん皮《かわ》が、よじぃ切るっ」

さあ、AさんBさんのお二方、料理が出されるまでの待ち時間をどのような心境でお過ごしになったのでしょうか。茶碗の蓋を開けるときの表情は如何なものだったでしょうか。きっと、生涯忘れることのない思い出になったでしょう。

事後報告を聞いている面々も、その料理に対して想像がうんと膨らんだことでしょう。

読者の皆さんは「茶わん蒸し」という料理をご存知なわけですが、それでもやっぱり知らないことを前提にした人物を登場させて、漫才でいう「ボケ」と「ツッコミ」も入れながら、それぞれの「お国ことば」で楽しんで頂けたらと思います。

ちなみに鹿児島では、ドゥワップバージョンの曲を歌っているグループもあって、けっこうノリノリのいい感じに仕上がっています。

ことのついでに紹介すると、この歌には、二番・三番の歌詞もあります。おそらく、後年にくっつけたものでしょうが、何にしましても「俗謡」ですから、それはそれで楽しいと思います。文化はそうやって紡いでいくものでしょうし、何より一番の要になるのは、

「みんなに愛されているかどうか」

「おもしろいかどうか」

に尽きますよね。では紹介します。

うんだもこら　いけなもんな
　あれまあどうしたことでございましょう
あたいげぇどん　よめじょなんだ
　あたしん家のお嫁さんときましたら
ひにひにさんども　ちけもんせぇば
　日に日に三度もお付けなさいますので
きれいなもんぐゎんさ
　きれいなものでございます
かおについた　けしょじゃろかい
　顔についた化粧でございましょうか
けしょについた　かおじゃろかい
　化粧についた顔でございましょうか
まこてげんねこっじゃ　わっはっは
　ほんとうに恥ずかしいことでございます
おーほほほ・・

うんだもこら　いけなもんな
　あれあれまあ、どうしたことでしょう
あたいげぇどん　むひこなんだ
　あたしん家の息子ときましたら
ひにひにろっども　くろもんせぇば
　日に日に六度も食べますもので
たまげたもんぐゎんさ
　びっくりしてしまいます
あたいがちっかたが　すっねたろかい
　私のご飯のよそい方が少ないのでしょうか
あてごたちゃわんが　こめたろかい
　持たせた茶わんが小さいのでしょうか
まこてげんねこっじゃ　わっはっは
　ほんとうに恥ずかしいことでございます
　おーほほほ・・

ケバイ嫁じょと大食漢の息子を、嘆きつつ、かつ笑いつつの心境がほとばしっていますね。なかなか楽しい仕上がりだと思います。拍手！

《気になる新聞記事》

さて、あの日から数日経った一月一三日、南日本新聞の朝刊にこんな記事が載っていました。切り取っておいたものを全文丸写しで紹介します。

「茶わん虫の歌」余話

文化部・藤本祐希

鹿児島で親しまれている「茶わん虫の歌」が全国のテレビや映画で取り上げられ、今注目を集めている。ルーツをたどるうち、あの明るい曲にまつわる切ない話を聞いた。

大正末期、旧始良町内で教員を務めていた故石黒(旧姓・鳥飼)ヒデさんが作詞作曲した。

長女安子さん(85)=鹿児島市=によると、ヒデさんは同市の裕福な家に生まれ、学生時代は上京して文学者か音楽家になるのを夢見ていた。だが、女性の自由がまだ制限されている時代。さらに家族を相次ぎ病で亡くし、夢をいったんあきらめて教師として働いた。安子さんは、

「当時、新しいリズム体操を学ぶなど、研究熱心だったようだ。教師時代に作ったあのリズミカルな曲は、胸に秘めた芸術への思いから生まれたのでは」

と話す。

昭和になって鹿児島師範学校の学生に歌い継がれていく。当時を知る貫見進一郎さん(88)=同市=は、

「戦時下の師範学校では、理不尽な鉄拳制裁もあった」

と、厳しい時代を振り返る。死を覚悟する軍隊への招集も控えるなか、

「仲間とよく歌った。ささやかな楽しみだった」

歌へ込められたさまざまな思いも、世代を超え受け継いでいきたい。

この記事から読み取れるいくつかの情報があります。大正デモクラシーから昭和初期の時代の情勢です。また、戦争のため夢を捨てざるを得なかった多くの人々がいたことを思います。〈家族を相継ぎ病気で亡くし〉とありますが、その当時大流行して多くの人々の命を奪った病気とは、おそらく「スペイン風邪」でしょう。世界中で猛威をふるったそうです。あの宮澤賢治の妹トシの命も「スペイン風邪」が奪っていきました。「永訣の朝」という詩を読むとき、賢治の苦悩を思います。

こうした「ちゃわんむしの歌」にまつわるエピソードも、ぜひ家族や友人に伝えてあげてください。

最後にもう一つ、かごんま弁の歌を紹介します。こちらは替え歌です。「アルプス一万尺」のリズムとメロディでお楽しみください。

おいどんが　若《わ》けときゃ
一升瓶《いっしょびん》に　屁《へ》を詰《つ》め
ときどき　栓《せん》を抜《ぬ》いで
嗅《か》いだもんだ　へいっ！
らららららら　らららららららん
らららららら　らららららん
屁《へ》いっ！

【焼酎だいすき】

焼酎《しょちゅ》は千杯《せんべ》飲《の》め
大釜《うがま》で沸《わ》かせ
下戸《げこ》が建《た》てたる
おはらハァ
蔵《くら》は無《な》し

焼酎は
千杯飲みなさい
大きな釜で
沸かしなさい
酒も飲めない奴が
建てたという
蔵などないよ

農土カフェここごみ　旧郡山町

《世界史と焼酎》

なんとも豪快な歌です。

「ローマの道」になぞらえて、「すべての道は焼酎に通ず」と言いたくなる気分です。とにかく焼酎が大好き、熱くダレヤメ文化を繋ぐオンジョ達の、「魂の歌＝ソウルソング」と呼びたくなります。

ところで、焼酎を作る蒸留酒作りの技術そのものは、中国雲南省からタイ国を経て、一五世紀中頃にはすでに琉球や鹿児島に伝わっていたとする説が最も有力なのだそうです。

これまでも度々触れてきたように「倭寇」に代表される海上交易が最も盛んだった時代。「海の道」に沿って中国・朝鮮・東南アジアを盛んに行き来したグローバルな人々が運んできた文化・技術・道具であったわけです。

溝辺鹿児島空港近くに「河内源一郎商店」があります。麹の取扱量日本一の、知る人ぞ知る企業ですが、ここで薩摩島津家から徳川家への献上品だった江戸時代の米焼酎を再現・販売しています。この米焼酎は名勝「仙巌園」でも販売されています。

当時薩摩の殿様の焼酎は「米」が原料だったことが分かります。お隣の熊本県、鹿児島との交流が深い人吉市では、今も「球磨焼酎」が作られますが、こちらも米を原料にした焼酎です。

注：人気の芸人で、紅白歌合戦の総合司会も務めたウッチャンこと、内村光良さんの故郷が人吉市で、そして実家が球磨焼酎の蔵元であることもよく知られていますよね。

さて、「芋」が焼酎の主流になるのは、江戸時代の終わり頃からだとよく言われます。

薩英戦争で使われた大砲。発射用の火薬に点火するために高濃度のアルコールが必要でした。そこで、島津斉彬公は安価な「芋」から効率よく大量に純度の高いアルコールを精製する研究を命じます。

以来、芋焼酎が盛んに作られるようになったという説明です。

そして南薩笠沙、黒瀬集落の若者たちが沖縄に出向き「泡盛」

の作り方を学んできます。明治に入ってからのことでした。彼らが泡盛の技術を活かして各地の焼酎蔵で活躍するようになると、芋焼酎の味もだんだん良くなっていったそうです。

　彼らは「黒瀬杜氏」「阿多杜氏」と呼ばれました。

《伊佐の焼酎》

米どころ伊佐の焼酎たち

　写真を見てください。伊佐の焼酎が揃い踏みしています。どれも美味そうでしょう。どの一升瓶も実にいい顔をしていますね。

　右の方から順に、伊佐錦・伊佐美・伊佐大泉と並んでいます。

☆伊佐錦
　筆者が少年の頃、伊佐地方だけでも十社近い焼酎工場がありました。そのほとんどが合併して「大口酒造」となり「伊佐錦」を誕生させました。

　今や県内どこの飲み屋にも置いてある焼酎として根付いています。

　大口市と菱刈町が合併して伊佐市が誕生すると、美しい湧水の里「田中」に大きな規模を誇る第二蒸留所

田園に建つ

を建設し、レベルの高い経営戦略を展開しています。

やがて、全国どこの飲み屋にも並んでいる・・。そんなパワーを持つ焼酎ではないかと見ています。

☆伊佐美

「伊佐美」は、このときに合併しなかったことが逆に幸いした銘柄でした。全国紙の新聞が取り上げて「第一次焼酎ブーム」が起こります。以来ブームの主役、呑兵衛ども垂涎の「幻の焼酎」となりました。

大口上町の本店

焼酎の値段は日本酒の半額以下、一升瓶が千円程度の相場でしたが、「伊佐美」にはなんと数万円の値が付きました。

その二本括りを持って、在来線特急とか新幹線とかに乗ったらどうでしょう。出張で東京や大阪から九州方面に行き来するサラリーマンの視線は・・。たぶん、ご想像の通りですよ。

菱刈町本城に建つ

☆伊佐大泉

「伊佐大泉」は、筆者の生まれ故郷菱刈で小規模ながらずっと作り続け、地元を中心に地味ながらもずうっと愛されている銘柄です。

「飲みやすい」が売り文句になった風潮に対して、芋焼酎本来のガツンとくる味と香りを引き継ぐ姿勢を感じます。屹立する野武士の風格が漂う銘柄だと思っています。

もう二〇年以上前に訪れたとき、工場には当時でも凄くレトロな三輪トラックが配達などに現役で活躍していて、熱心なファンが全国から訪れていたことを思い出します。

《郡山八幡神社》

一一九四年、鎌倉初期に創建された伊佐市郡山八幡神社は、有力豪族であった菱刈氏が宇佐八幡宮から勧請したと伝わります。戦後間もない一九五四年（昭和二九年）国指定の重要文化財である本殿の解体修理が行われました。その際、興味深い「墨書木片」が発見されて大きなニュースになったそうです。

社殿は今から五百年前の永禄二年（一五五九年）に修理が行われたことが確認されています。柱と柱をてっぺんで横に繋ぐ水平材を「頭貫（かしらぬき）」と言うのだそうですが、そこに「墨書木片」が打ち付けられていました。大工さんが施工主にバレナイよう残したメッセージでしょう。次の内容です。

郡山八幡神社

永禄二歳八月十一日
作次郎
靏田助太郎
其時座主ハ
大キナこすてをちやりて
一度も焼酎ヲ不被下候
何共めいわくな事哉

墨書木片

そのときの住職（神主）は
たいへんケチンボな人で
一度も焼酎を飲まさなかった
何とも迷惑なことだ

本来「座主《ざす》」とは、天台宗の最高位を指します。しかし「南無八幡大菩薩」と唱えるように、神仏習合の時代ですから、一般に神社の神主＝住職も座主と呼ばれました。施工主の住職がケチンボだったせいで「焼酎」という日本最古の文字が確認される顛末となるのです。

大工が書いたということは、一六世紀、焼酎が大工にも飲まれていたことを意味します。

もっとも、この頃は米や雑穀類を原料とする焼酎だったと考えられます。しかし、いずれにしろ大工さんは間違いなく「焼酎」の味を知っていて、しかも、それはここ伊佐地方だけの話ではなく、各地にある焼酎蔵にも、これと似た様な、名も無き人々の焼酎に関わる歴史が、「連綿と受け継がれてきたはずだ」と推測するものです。

《雲南省の蒸留酒作り》

一九九七年、NHK番組で発酵食品のルーツを求めて、中国雲南省自治州「西双版納＝シーサンパンナ」を旅する小泉武夫さん（東京農大教授・発酵学）の興味深い報告がありました。

ここに暮らす傣族（タイぞく）による、蒸留酒の製造でした。番組で紹介された工程に、筆者の知る様々な知見を加え整理してみます。

①糯米（もちごめ）を、籾殻（もみがら）付きのまま蒸す

雲南省一帯は、糯米を蒸す「おこわ飯」が大好きで、古代日本との繋がりが強い「照葉樹文化」の土地です。籾殻を付けたままで蒸す理由は後述します。

②蒸した糯米を床に広げて冷やし「曲《きょく》」と呼ぶ麹（こうじ）を混ぜ合わせ、一晩置いてから甕に移す

曲はクモノスカビの一種で糯米の澱粉をアルコール分解し、酒母（一次発酵）になります。

③約40日甕の中に寝かせる

アルコール度数7％程度の個形の醪（もろみ＝二次発酵）になります。

現在の工場ではブクブク湧くように発酵する液状の醪を見ますが、それと違っておこわ飯そのままの固形の醪です。

④醪となった糯米を蒸し器に移し、グラグラ煮え立つ大鍋の上に置く

籾殻付きだと、隙間ができて蒸気が通りやすくなります。精米だと、糯米どうしがベトッとくっ付いて蒸気を通さなくなります。

液状の醪は、鍋で直接煮ることができますが、個形の醪は甑（こしき＝蒸籠）でアルコール分を水蒸気と一緒に抽出します。

⑤アルコール分を含んで立ち上がる蒸気を急激に冷やして集める蒸留器をセットする

大釜の蓋を逆さにして冷たい水を入れると冷却装置になります。「カブト式」と呼ばれる蒸留器です。冷たい蓋に触れ結露した滴が甕に溜まる仕組みです。

番組では綿の実を甕の口に置く様子も伝えていました。フィルターの役割です。

甕には、アルコール度数四五％の蒸留酒が溜まります。

蒸す釜でもあり、同時に冷却する釜でもあるという、最も原始的な仕組みと方法が、古くから「蒸し料理」の文化を持つアジアの一角、雲南で息づいていました。

琉球や鹿児島でよく使われた蒸留器の図も、番組で紹介された寺島良安編著「和漢三才図会」（一七一二年）に見ることができました。

その蒸留器を鹿児島でチンタラと呼びました。その構造は、雲南省の蒸留器とほぼ一緒です。

蒸留酒を作る道具と技術は、約五〇〇〇年前にはすでに伝わっ

ていた様です。すごいですね。

われらのご先祖は、きっと雑穀や澱粉を含んだいろいろな原料でガンガン焼酎を「密造」し、その技術と道具を仲間や子孫にに伝えたことでしょう。

チンタラ（カブト式蒸留器）
田苑酒造焼酎資料館（旧樋脇町）

さらに救荒作物のカライモが伝来すると、今度はカライモの焼酎を、作っては飲み作っては飲みしただろうと、好き勝手に想像しニンマリしています。

ただ、こういうことは文献史料を漁っても出てくるものではありません。だからこそ、あの墨書木片が大きな意味を持つと思います。

「歴史とは何ぞや」の問いかけに、墨書木片など人々の営みを示す痕跡が、貴重なヒントを与えてくれるのです。

《ソラ、飲マンカ》

歌詞の言い分をもう一ぺん聞きましょう。

・大きな釜で焼酎を温めて
・ともに飲んで、賑やかに過ごして
・心の底から付き合えるよき仲間を持って
・初めて豊かさが訪れ、蔵も建つのだ

妙に納得させられる歌詞です。しかし、はた目には、「ただただ飲みたい」という呑兵衛どもの考えた「言い訳」「作戦」とも思えませんか？

〈下戸《げこ》〉とは、お酒が飲めない方のこと。体質的にどうしても受け付けない人がいます。体調が悪いときもあります。用事があって飲めない場合もあるでしょう。

こんな風な主張をされる方々もおいでです。
・焼酎《しょっ》よっかビールが好《す》っじゃ
・焼酎《しょっ》よっかケーキが好《す》っじゃ
それぞれの事情を察し、アルコールハラスメントにならないようにしましょうね。
「わいが、ないよ言うか」
お前が、何を言っているのだ
「け死んかぎぃ飲まんこて、どげんすっか」
死の極みに至るまで飲まないでおいて、
いったいどうする
「そら飲まんか」
さあ飲みなさい
カラカラ（酒器）とソラキュウ（盃）を手に、少し赤ら顔のオンジョが座の中においでかも知れません。要注意ですぞ・・・！モシモ、そういう方が近づいて来たら、ピュー、急いで逃げちゃいましょう。

【愛を・・・囁きたい】

おごじょ床《とこ》とれ
枕《まくら》は要《い》らぬ
たがいちがいの
おはらハァ
腕枕《うでまくら》

お嬢さん、さあ床入りしようぜ
でも、枕はいらないって
おたがいどうしの
「腕枕」と洒落《しゃれ》ようじゃないか

脳内科学が言う「良いイメージ」を作るのにもってこいの「おはら節」に出会いました。今、とにかく自分に「モテ期」が来ていると信じ切ることが大事なのだそうです。一〇〇％信じて行動すると、気付かないうちにオーラやらフェロモンやらが自然と溢れ出てくるというのです。あなたの想う相手が、そんなあなたの変化に気付いて、思わず「惚れてまうやろ～」ってことになるかも・・・。

そこで、歌詞が言う〈たがいちがいの腕枕〉を目指したい方々に格好の「デートスポット」を一〇個紹介する企画を考えました。

なお、お出かけの際は、ほどほど人気（にんきでなくひとけと読んでね）がある時や場所をお選びください。余計なお世話かも知れませんがデートの場所はあまり賑やかすぎても、かといって寂しすぎてもいけません。季節・行事・時間帯などを調べてお出かけください。では、ご武運を。チェスト－！

《VUE I》雄川の滝

雄川の滝（南大隅町）

滝の美しさ、水の清らかさ共に文句なし、四季を通じて楽しめるお奨めスポットです。

入口から滝の見える場所まで、川に沿った小道をのんびりのんびり歩きましょう。手をつないだり腕を組んだり、スキンシップも大切です。ある程度距離があるので、あれこれ語り合うのに十分な時間が過ぎていきます。

ただ、足の不自由な方や高齢の方には少しきついかもなと思います。かと言って、道を広げるのも難しそうな川沿いの地形です。そこで一案、川を挟んだ反対側にレールを敷設するアイデアはいかがでしょう。そこに手漕ぎトロッコを走らせるのです。車椅子も使える四人乗りが適当でしょう。静かにゆっくり進む手漕ぎのトロッコ、懐かしい映画「小さな恋のメロディ」でマーク・レスター少年が恋人役のトレーシー・ハイドさんと去っていくラストシーンが今も心にあります。あんなトロッコだったら小道の静かな雰囲気にもぴったりだろうな・・・。

《VUE Ⅱ》多賀山公園

多賀山公園には、「東洋のネルソン提督」と呼ばれた東郷平八郎の銅像が、錦江湾を見守るように立っています。

ここは中世の「東福寺城」の跡でもありました。南北朝時代には、足利氏の北軍側に付いた島津氏でしたが、南朝後醍醐天皇の側に付いた肝付氏や谷山氏などと、この場所で激しい戦いがあったと伝わります。今も、虎口(こぐち)や堀切(ほりきり)、籠城に欠かせない井戸の跡などが残っていて、山城の戦闘や防御に関する備えが学習できます。

錦江湾を見つめる像（鹿児島市）

名前が示す通り、お寺だった時代もありました。坂の途中「イノシシ出没注意」の看板にドキドキしながら頂上まで進むと、心霊スポットみたいな雰囲気の広場に出ます。運気とパワーを貫いましょう。

対岸、桜島港横の小高い丘は、南北朝時代の敵陣であった「横山城」の跡です。

今は桜島を背景にして実物大の恐竜のオブジェを置いて、「恐竜公園」と呼ばれています。

《VUE Ⅲ》 児玉美術館

児玉美術館（鹿児島市）

鹿児島市の南部。谷山坂之上、鹿児島国際大学の南の森に、ひっそり佇《たたず》む美術館です。

一歩敷地に分け入った瞬間、空気にアートが香ります。自然林を生かしながら、すてきな庭園であるための条件「人の手による仕事」を感じさせてくれます。竹林を吹き抜ける風が、実に清々《すがすが》しい。

館内に収蔵された、絵も彫刻も焼き物も美術館の建物も歩く山の道も、全てが心地よい世界です。

ただし、よくよく地図を見ないと迷って辿り着けないおそれもあります。狭い道も多いので、車でお来しの際は、よくよく気を付けて、慎重に慎重に向かってください。

《VUE Ⅳ》 出水干拓

北薩、出水市の福之江海岸を紹介します。ここは一〇〇％童心に帰って、心底笑って楽しめる浜辺です。

でも、何故か半日くらいが限界のようです。その事情は、まあ、行ってみれば分かります。

主役はマテ貝、四月から六月がベストシーズン。

福之江海岸

塩とバケツと鍬（スコップもＯＫ）を持って、出かけましょう。おっと、そうそう、そうだった。干潮・満潮の情報が肝（キモ）でした。しっかりチェックして出かけましょうね。

潮が引いた浜の砂をサアッと鍬で削ると、ネコの目のような形をした穴が、現われます。そこに塩をピピュッとこぼしたら、後はしばしマテ貝。

穴から貝がピョーと飛び出てきます。そしたら、ピャーと獲りましょうね。ピピュッ、ピョー、ピャーのリズムを二人で楽しみましょう。

さっと湯掻いて酢みそをちょいと付けて、焼酎オンザロックにどうでしょう。ビールに合うのはバター炒めかなぁ。

そうそう、日焼け対策は特に念入りにしておきましょう。（半日限界説のヒントです）手や足を洗う「真水」も忘れず持って行きましょう～～。

《ＶＵＥ　Ｖ》佐多岬

モーターバイクにロードバイク。エンジンが付いていてもいなくても、とにかくバイク好きの皆さんにお奨めの岬です。

起伏とカーブの多い道を存分に楽しみましょう。やや塩気を帯びた空気が肺を満たしてくれます。

岬に着いたら涼しい風が通うトンネルを抜け、蘇鉄をはじめ

佐多岬灯台（南大隅町）

とする、亜熱帯の植物相が生い茂る道を進み、「御崎神社」で二人の幸せを祈りましょう。

その先に、純白の佐多岬灯台が見えます。

ここは九州島の最南端、視界の先にはもう遮るモノなど何もありません。

あまり人気《にんきでなくてひとけ》がないときを狙い、青い太平洋に向かって、ケシンカギイオラビマショウ。

「おいは、おはんが、好っじゃぁ！」

「あたいも、おはんが、好っじゃあ！」

《VUE VI》東雲《しののめ》の里《さと》

東雲の里にはただならぬオンジョが居ます。

この人に惚れたオゴジョと暮らしています。

誰が何と言っても、一番のミドコロは、お二人が人生をかけて植え続けたアジサイ。山一面に花の色が踊る梅雨の頃に、ぜひ訪ねていただきたい。

オンジョが作る焼き物に野草が投げ込まれ、あちこちに配置されます。苔玉（こけだま）のミニ盆栽も、面白げにあちこち吊るされたり並んだりして、訪れる客を迎えます。

歩く坂道に掛けられたシルバー狂句には、お若い方々もいつしか共感を覚えるはず。

秋の東雲の里（出水市）

ひび割れた土壁が素敵な古民家カフェ。ここでいただく食事もお茶も、ケーキもホンノコテおいしい。

最近、蕎麦打ち修行を終えたセガレも戻ってきました。絶品の味をご堪能あれ。

しだれ桜や薄墨（うすずみ）桜が色を競う春も、小さな滝の音と、谷間の紅葉が風情を醸す秋のデートもお奨めです。

《VUE Ⅶ》唐船峡

鹿児島では「そうめん流し」と呼ぶのに、全国的には「流しそうめん」なのだそうで、なかなか悩ましい問題であります。

さらに「そうめん流し」なのか「そうめん回し」なのか、これもまた、実に悩ましい問題です。

さらにさらに、そうめんを回すのだが、右（時計回り）に回すのか、左（時計回りの反対回り）に回すのか。う～ん由々しき大問題に発展しています。

そこで「え～い」とばかりに、右にも左にも回しているマシーンに遭遇してびっくり。実に奥深い弁証法的な解決策です。所謂「あぅへぶぇん」の世界。その智恵《アイデア》が凄い！

「池田湖」の畔《ほとり》「唐船峡」には、こんこんと豊かな地下水が湧いています。

シラス層をくぐる湧水の透明度は、通常の湧水に比較して、約四〇倍だという分析を見た記憶もあります。

冬の寒い日でも、ストーブで暖まりながら「そうめん流し」を楽しめるのだそうめん。

そうめん流し入口（指宿市）

《VUE Ⅷ》羽島崎

幕末、長崎で活躍したトーマス・グラバー。

彼は、薩長同盟や坂本龍馬との付き合いも深い人物で、武器や軍艦を大量に扱う商人でした。

教科書は書きませんが、幕末の頃、川内・串木野など九州西岸には、中国・阿蘭陀《おらんだ》・英吉利《いぎりす》・仏蘭西《ふらんす》・亜米利加《あめりか》の船が、ひんぱんに行き来していたらしいのです。

串木野羽島崎の、小さな岩礁からグラバー氏の母国「蘇格蘭《すこっとらんど》」を目ざして旅立った若い侍たちがいました。「薩摩スチューデント」です。

今、その場所に「薩摩藩英国留学生記念館」が建っています。

薩摩英国留学生記念館（いちき串木野市）

おいしいコーヒーとケーキを準備してお二人を待っていますよ。

《VUE Ⅸ》国分城山公園

クマソ・ハヤトの時代から続く山城です。

「襲《そ》の岩城《いわき》」と伝わります。対となる「姫《ひめ》の城《き》」が北西方向に見えます。

古代、この山頂で「ハヤトの乱」と歴史に書かれることになる、あからさまなヤマトの「侵略行為」に対する命がけの抵抗がありました。公園から、眼下に臨む国分平野と錦江湾の絶景が望めます。

・辺田小島《へたこじま》
・弁天島《べんてんじま》
・沖小島《おきこじま》

が優雅に浮かびます。古代の神の島々です。

城山公園から望む

黒酢の里として脚光を浴びる福山からこの辺まで「たぎり」という海底からの噴出ガスが観測されます。この湾奥が姶良カルデラ、桜島が逆光に輝いています。

斜面の芝生に座り「進入禁止《ハイッテコナイデ》」の強いオーラを周囲にまき散らしながら、甘～い甘～い、二人きりの時間にとっぷりと浸りましょう。

夜景を眺めて、ロマンチックが止まらない！

桜の頃は、ＢＢＱ＆ＢＥＥＲが止まらない！

《VUE　X》　ぢゃんぼ餅

「両棒餅」と書いてぢゃんぼ餅。お店が立ち並ぶ磯浜なら、どの店もお奨めです。冬は炬燵、夏は扇風機、畳座敷に座布団を敷いて、どの店も妥協のないレトロぶりです。

甘辛い餅をほお張って、漬け物ポリポリ、熱い茶グビリ、もうひと皿「お代わり〜」って感じで楽しんでくださいね。

大事なデートやここぞという交渉事の際、この気さくな雰囲気があなたを助けてくれるかもです。

磯の浜辺はマリンスポーツも盛ん。ウインドサーフィンに水上バイク、三島カップのヨット大会も、目の前の海で繰り広げられます。映画になった、小学生たちの「桜島遠泳」も、この浜が舞台です。

磯浜のぢゃんぼ餅（鹿児島市）

《最後にひと言》

今回紹介したスポットよりも、さらに素敵な場所はもっとたくさんあると思います。とにかく〈たがいちがいのうでまくら〉を目指して、自分を信じて行動してくださいね。ただ、結果については責任を負えそうにありませんので、ご理解とご協力を願います。

「ノークレームノーリターンですよっ！」

【げんねことしゃんな】

大根畑《でこんばたけ》で
げんねことしゃんな
他人《ひと》が見ちょんど
おはらハァ
笑《わ》れもんど

大根畑で
モゥ
恥ずかしいこと
しないでってばァ
誰か見ているって
笑われちゃうって
ウンーモゥー

大根櫓（旧頴娃町）

《他人が見ちょんど》

うららかな日射し、今年も立派な大根が実りました。春はもうそこまで来ています。

冬とは言え、ここは南国鹿児島。今日は風も穏やかかぽっかぽか。ふと、どこからか、笑いさざめく声が聞こえます。実は、最近見初め合ったばかりというお二人が、大根畑（でこんばたけ）を舞台に繰りひろげるアバンチュールでありました。
汗が健康な肌をつたい、陽光にきらきら反射します。今から大根畑（でこんばたけ）で、◯◯が◯◯のでしょう。ちょいと恥ずかしい、だんだん、もっと、恥ずかしいことになりそうな予感・・・。
ってまあ、いいじゃありませんか。若いお二人の天真爛漫なじゃれ合い。見ぬふり、聞かぬふり、知らぬふりが大事です。
なので、
「うなこら、わいどまぁ、ないごっかあぁ」
など・・・は、ぜったい禁句。
ジャッドンデスヨ、
コイガデスヨ、
オンジョトオンボガデスヨ、
大根畑デ◯◯◯デスヨ、
ホシタラ、
イケナ風（フィ）ナッモンゴワンソカイ。
青く澄んだ空、大根葉（でこんば）の瑞々しい緑と土の匂い。
先ほどまでの、爽やかな映像やイメージが、オンジョとオンボの◯◯◯・・・。ただならぬ映像になりそうで少し怖い。キャスティングって大事だよなって、つくづく思います。
ところで、〈げんねことしゃんな〉の意味は県民の皆さんなら聞いただけでお分かりでしょう。ある程度人生を重ねて来た方々には、続く、
〈他人が見ちょんど、おはらハァ笑れもんど〉

に、片方がもう片方の行為を、やんわりと拒絶するシーンまで見えてくるかも知れませんね。

おそらく、お二人が、これから、始める、で、あろう、一連の秘め事、の云々が、「やめてよぅ」と言う、その、言葉とは、裏腹に、おそらく、「R15」乃至は、「R20」の、扱いになる、そういう、艶っぽい、映像に、なるかなぁ、いや、是非、なってほしいなぁ、と信じて、筆者と、同じくらいに、と、ても強く、期待し、ている、の、では、ないかし、ら、と、推察するものであります。

《「げんね」の語源を探る》

ということで、今回のキーワードは〈げんね〉で決まりのようです。ここにどういう漢字を当てるべきか問題にしていきましょう。

方言辞典で調べると、「験無ぇ」と表現されていました。でも、なぜ「験」と「無い」で「恥ずかしい」意味になるのかという理由までは書いてありません。語源をたどるには、別な方法が必要です。

そこで私は、仏教民俗学の研究で著名な、五来重（ごらいしげる）氏の著作にヒントを求めました。氏は、市井の人々の宗教活動、なかんずく、仏教と神道が混淆した形で受け入れられていた時代を見つめました。修験者に交じり「大峰行」など厳しい「行」を自らに課し思索を深めました。そして、人々の信仰の要を、神仏習合が最も顕著に顕われる、修験道にあると捉えたのです。

『山の宗教　修験道案内』（角川選書）

『石の宗教』（角川選書）

等の著作から、そもそも「験（げん）」とは修験道由来の古語であるというヒントを得ました。

二つ目のヒントは、人々の一番身近にいる宗教者は、私達が普通に思うような坊主や神主ではなく、修験者だったという見識に触れたことです。

どこか怪しげな風がある、なぜか歴史から消し去られた感もする修験者の存在。これが「験無ぇ」の意味を開く鍵（キー）になりそうな気がしました。

修験者の姿
椋鳩十『日高山伏物語』（ポプラ社）より

右の表紙絵のように、修験者（行者・山伏）は、法螺貝を手にした天狗の格好をまず思い浮かべましょう。彼が施す呪術や祈祷に対して、その効能・効き目の現れを「験」と呼びました。

修験者に対する人々の信頼は、その「験」の力がどれほど示されたかによって決まったそうです。

日照りの際の雨乞い・祝事や葬送の運営・豊作祈願・祭りの指導・病魔調伏の呪い・病に効く丸薬の処方等が修験者の勤めです。

「験」の強い行者は、多くの人々の尊敬を集め、地位が与えられ、十分な謝礼を受けて財をいっぱい貯え、良い噂が巷間に広がり、妻を娶り、里に定住し、「里山伏」と呼ばれるようになります。

対して、いっこうに効き目が現れない場合、ヘタすると人々から嘲笑や軽蔑の対象となり、冷たい視線を注がれるハメになります。

そもそも、訳の分からぬ印を結び、訳の分からぬ呪文を唱える、どこか怪しげな存在として里の人々は見ていますから、皆が納得する「験」が示せないとダメです。不用のレッテルを貼られ、里から追い払われるハメになります。悪い噂は里から里へ広まって、ダメな行者の行き場・身の置き場はいよいよ無くなります。

里をめぐる山伏どうしの「験比べ」も実際にあったそうで、その際敗者が抱く惨めさ・恥ずかしさは私達の想像以上だったようです。

負ければ暮らしの一切を失い、地位も財も無くします。誇りを砕かれ、尊敬は嘲笑に変わります。妻も去り、六十六部（りくぶ＝村人から施しを受けて生きるしかない惨めな修験者を、近世こう差別的に呼んだという）としての、先の見えない旅が待つのです。こうした事情が「験無ぇ」の表現になったのではないかと推察しました。

（どうか外れていませんように！）

注：鹿児島には、実に多くの山伏にまつわる伝承が残っています。

椋鳩十「日高山伏物語」（ひだかやんぶしものがたりポプラ社）では、山伏を「けちん坊」の代名詞のように描いています。それはつまり里山伏が、人々の生活に深く関わったことの証と考えることもできます。

結論を言うなら、「験無い」「験無え」は、決してかごんまの方言だったのでは無くって、列島全国に明治時代までは残っていた、共通の認識・言語表現であった可能性を感じます。

「廃仏毀釈」の嵐の中で、仏教以上にターゲットにされたのが、実は修験道でありました。

《方言ドーナツ論》

かつて「方言のドーナツ現象」を論じる風潮がありました。同調する学者の一部には、論を元にフィールドワークを始めた者もいたと聞きます。さすがに今では否定的に捉えられますが、どういう論だったのか、一度ふり返ってみましょう。せっかくなので、ある土地の言語の「風＝ふう」に説明します。

この宮処（みやこ）はなぁ、つま～り
やんごとなきお人のおいでたとこなんどす～
この都で、むか～しむか～しぃ
使うておいでた言い方がどすなぁ
それがまぁ、だんだ～んと
鄙びたとこやら、奥深い田舎やらに
すこ～しずつ、伝わっていかはって
今でも残っているそうなんどす～
お分かりかぁ～、中でもう、
半島とか～陸と離れておいでの島々とか～
まあ言うたら、
人もよう住まんような辺鄙なとこにぃ～
京の都の、むか～しの言い方やとかぁ
よう残っておいでになられますようで～
京の都を真ん中にして
言うたら、ドーナツみたいにどすな
中か～ら外へ、中か～ら外へと
広がっていかはりますのんで
古い言い方が、遠い処に、ようけ残ると
そういう事情があ～るのぉどす～
お分かりかぁ～
言うたら、そういうことどす～

まあ、都がいつもいつも中心でないと済まないという感情と

法然院の秋（京都市）

言うか、そういう見方・考え方が包みも隠しもされないまんまの「説」のようで、さすがに世の厳しい批判を浴びて程なく姿を消していきました。

　今は、「東京」が成り代わって中央意識を人々に刷り込もうとしているように思えます。周囲にこんな方はいらっしゃいませんか？

・東京に関わっていると、自慢したがる
・東京が日本の中心だと、言いたがる
・東京みやげは定番品を、選びたがる
・世界の中心東京で、愛を叫びたがる

未だに自己を相対化できない、やや幼い認識を感じます。そういう人を相手にする状況を思うと、少々つらいことになりそうです。なので、

「まっこて、げんねもんじゃ、わっはっは」

と笑顔で歌い、静かにその場を辞すとしましょう。何が本当に「験無ぇ＝げんねぇ」かについて、いつか当人が気付いてくれると信じて・・・。

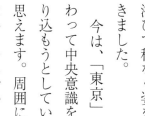

《ラブ大根ラブ》

～山川漬（壺漬）～

「漬け物《ちけもん》と　茶飲《ちゃの》ん仲間《なかま》と　両棒餅《ぢゃんぼもち》」

私どもが作成した、『かごしまふるさとカルタ』の読み札「ち」に織り込んだ三行詩です。

甘辛い両棒餅にお茶と山川漬。この相性がぴったりと思いながら、時々磯浜に通っています。

山川漬は、櫓に泥付きの大根を掛け寒風に晒して水分を抜く作業から始まります。頴娃の大根櫓は、ことに巨大で、秋から冬の風物詩になっています。

次に待つのは杵（きね）と臼（うす）での、餅搗きならぬ大根搗き。高価な塩の代わりに海水で大根を搗き、繊維質を適度に破壊します。「歯ごたえがあるのに食べやすい」哲学的な食感となります。

最後は大きな甕壺に仕込みます。基本は塩漬けですが、かごしま独特の甘い醤油に酢や砂糖で味を調整する漬け方もあります。待つこと数ヶ月。カリポリコリの楽しい歯ごたえは、ご飯のお伴にピッタリ、お茶請けにもバッチリ。値段も手頃で、お土産に持って行くと喜ばれます。

大根つ搗き　頴娃「漬物の里」

〜桜島大根〜

桜島大根と言えば「ブリ大根」が有名。煮崩れしない特徴が生きています。

漬け物も旨い、大根スティックもグッド、サラダもナイス。そして近頃流行の名物「桜島大根の天ぷら」をお薦めします。

「え〜、大根の天ぷら〜、何それ〜」

でも、本当に食べなきゃ損。「大根の王様」と言われる理由が、よく分かるおいしさです。ナンボデモ、イケマッセー！

今、鹿児島大学では「トリゴネリン」なる成分の研究が熱心に行われ、世界の耳目を集めているとの報道がありました。なんでも、狭心症・心筋梗塞・脳梗塞など命に関わる病気の原因となる血管の老化・硬化現象に立ち向かい、血管のしなやかさを回復するすごい成分だそうです。

しかもしかも、桜島大根の「トリゴネリン」含有量は青首大根に比べてなんと数十倍だと言いますから、まさに医者いらず。これから先は、桜島大根で病気を治す時代になっちゃうかもですね。

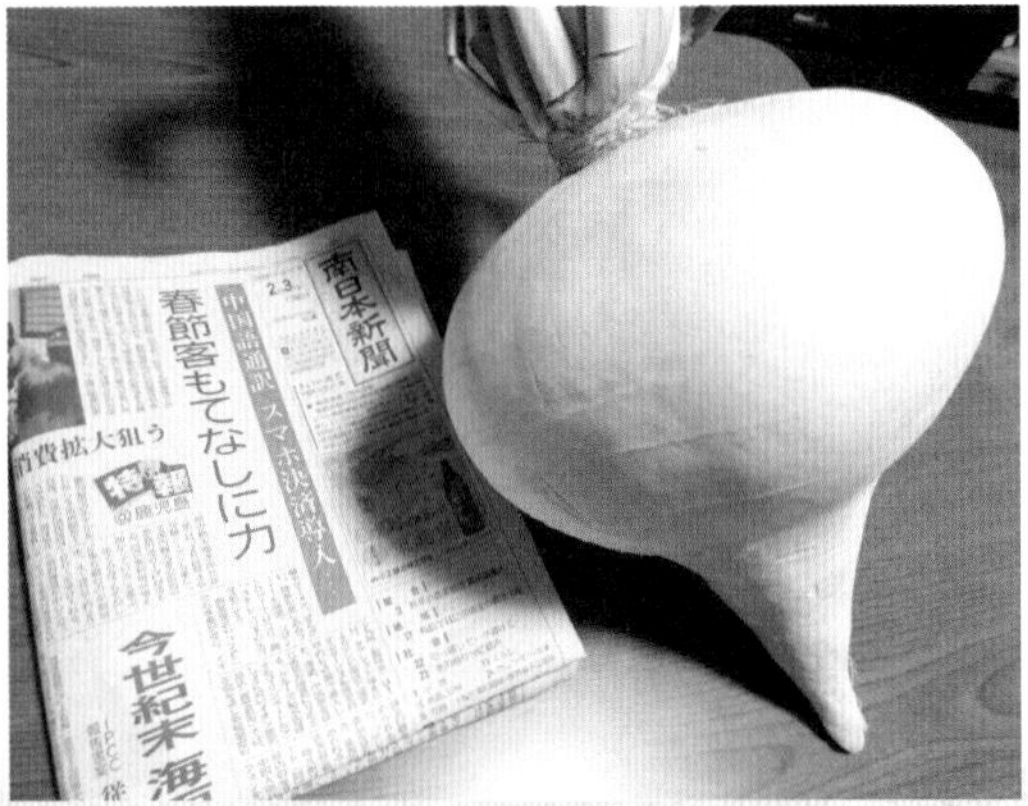

桜島大根（これでもまだ小さい）

【ひたむきな愛の物語】

永良部島《えらぶじま》から
様《さま》がこと想《おも》うて
詰《つ》めた煙草《たばこ》も
おはらハァ
吸《す》わじ来《き》た

永良部島から
愛しいあなたを想って
キセルに詰めた煙草も
吸わないままやってきた

《二つの永良部島》

鹿児島から南に続く琉球弧の島々の中に「口永良部島」と「沖永良部島」があります。

「口永良部島」は屋久島・種子島に近い島、地図で見ると子どもの頃楽しんだ「ひょっこりひょうたん島」に似た形をしています。

鬼界カルデラの外縁にあるため、近年にも大きな爆発があって全島民避難の警戒レベル5が出されました。つい最近も七〇〇〇m級の噴煙が上がる爆発がありました。住民の方々の苦悩はいかばかりかと思います。

「沖永良部島」は、こちらは火山島ではありません。水蓮洞《すいれんどう》や水鏡洞《すいきょうどう》など日本有数の大きさの美しい鍾乳洞をいくつも持つ隆起サンゴ礁の島です。

白ユリやフリージアなどを育てる花卉《かき》栽培がとても盛んで、「世之主《よのぬし》の墓《はか》」に代表されるように琉球と歴史的に関係が深い奄

水蓮洞沖永良部島

美の島々のひとつです。

さて、同じ「永良部島」ですが、両島には五〇〇kｍもの隔たりがありますから、その距離の分、自然も文化も歴史もかなり異なった性格を持っているはずです。

両島の名前が本土に近い方を「口」遠い方を「沖」とすることから、名付ける側の本土意識が感じられます。対概念で並べて命名する者の立ち位置が見えるのです。

なんとなれば、島で暮らす人々にとって「口」とか「沖」とかナンジャラホイなわけで、今、自分が暮らすこの島に、いちいち「口」や「沖」を付けて呼ぶ必要などあるのでしょうか。

「エラブ」という音（＝島の名前）そのものは、祖先から受け継いだきたわけですから、それが、例えば「永良部」や「伊良部」と書き分けられることがあっても、おそらく「口」や「沖」を付けて呼ぶことなどないでしょう。

《今日と明日を行き来する作家》

もう二〇年以上前、童話作家の山下明夫《はるお》さんと桜島の旅館で夜更けまで「飲んで騒いだ＝ノンチラケタ」記憶があります。彼は、じょーだんが好きで・ダジャレが好きで・ポーっと時間を過ごす「ポー体験」が好きで、こんな話をしてくれました。

・地球儀には日付変更線なるものが引かれている。これはヨーロッパの連中の都合に合わせて太平洋側に引いたモノだ。

・その線は海に引いてある。でも、島のド真中に線が走っているのを見つけちゃった。

・で、その島に回転する浴槽を持って行き、クルクル回るお湯に浸かりつつ「今日」と「明日」を行き来するポー体験をしたのだ。

嘘か本当か、まあ、氏の得意なブラックジョークでしょう。とにかく大笑いしたものでしたが、その島に住む人々を無視して「線を引く」者の傲岸さを、鋭く指摘していたのだと、今になって思うことです。

ようかいれっしゃ　学習研究社

注：山下明夫　一九三七年東京生
京都大学仏文科卒　児童書編集のかたわら童話を書く
「島ひきおに」など著書多数

バーバパパシリーズの翻訳も著名

二〇一二年没

《エラブとは何？》

では、両島に「エラブ」という共通の音がある理由を考えましょう。諸説ある中で、筆者は「エラブやイラブはウミヘビのこと」という方言研究の分野からの情報に注目しています。なるほど、沖縄から鹿児島への暖かい珊瑚の海にはウミヘビが多く生息します。ウミヘビは海の中に暮らすのですが、産卵の時は磯の岩場など陸地に上がってくる習性もあるそうです。捕まえたウミヘビ＝エラブは、乾燥させて煮込み料理などの材料に供されます。「イラブー料理」「エラブー料理」などと呼ばれています。

その一方、ウミヘビは龍神の遣いと信じられてきました。水難に関わる魔除けのシンボルだったのです。

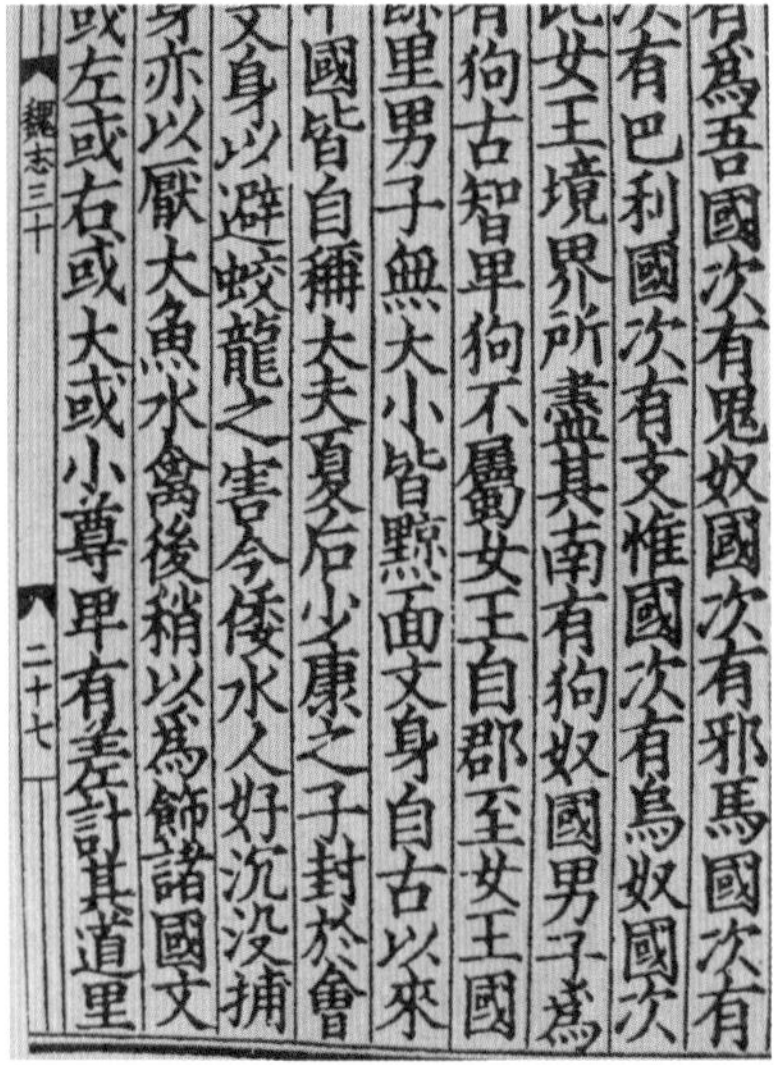
有爲吾國次有鬼奴國次有邪馬國次有
次有巴利國次有支惟國次有烏奴國次
此女王境界所盡其南有狗奴國男子爲
有狗古智卑狗不屬女王自郡至女王國
里男子無大小皆黥面文身自古以來
中國皆自稱大夫夏后少康之子封於會
文身以避蛟龍之害今倭水人好沉没捕
身亦以厭大魚水禽後稍以爲飾諸國文
或左或右或大或小尊卑有差計其道里
魏志三十　二十七

魏志倭人伝原文
石原道博訳（岩波文庫）

怖ろしいサメから身を守るため、あるいは津波・台風・時化（しけ）など自然の猛威から身を守るため、南の島々ではウミヘビをとても大事にしてきたと伝わります。

「男子は鯨面文身《げいめんといれずみ》をして咬龍《こうりゅう》の害を避ける」と『魏志』巻三〇・東夷伝・倭人条に書かれます。古い古い時代から、海に生きる民＝海人はさまざまな海難を経験し熟知していました。そして何より、海を怖れていました。だからこそ余計に、守り神の存在を信じたのでしょう。

そういう精神的な土壌・伝統を考える上でも「永良部島＝イラブー島＝ウミヘビの島」にはたいへん説得力があります。ただ、「だからこうだ」等の軽々な判断は御法度だそうです。地名は、現地調査を含めて多角的に総合的に、そして慎重にアプローチすべきだと諭されます。すぐに知ったふりをする「悲しき知っちょいどん」にならないよう、肝に銘じたいと思います。

《タバコは神様の贈り物》

タバコは、南米大陸で古代から呪術を行うときや病気の治療のために使われてきたそうです。

シャーマンは多量のタバコの煙を吸い込み、ニコチンの中毒症状と思われる意識不明の状態になります。これを「神懸り」と見ます。神懸りになったシャーマンが部族の抱える問題に対して「宣託」を与え、死んだ者の魂を「呼び寄せ」たのです。タバコは万病を治す「薬」とも信じられ、患部にタバコの煙を

モアイ像　宮崎県日南市

吹き当てる治療も施されていました。言うなれば、タバコが「神様の贈り物」だった歴史があったのです。

この地の略奪を目的に、スペイン・ポルトガルなどヨーロッパ勢力が大挙して押し寄せました。もちろん金銀財宝が目当てでしたが、それを略奪し尽くすと、次は、有益な鉱物資源や植物資源を次々に奪いました。タバコも、トウモロコシやジャガイモと一緒に発見され、この時期に持ち帰られたのでしょう。

侵略の嵐は、やがて「人狩り」「奴隷狩り」を始めました。銀鉱山やジャングルに送り込むためです。過酷な労働・虐待・落盤事故・鉱毒害・自然災害・伝染病などで、多くの命が犠牲になったことが世界史に記憶されます。奴隷狩りは近隣の島々もターゲットにしました。イースター島では王族も「狩られた」と言います。

モアイの信仰は侵攻を止められませんでした。元々「ラパ・ヌイ」と呼ばれてきた島の名前も、復活祭（イースター）の日に「見つけた」という理由で、イースター島と書き換えられたそうです。

《タバコが日本にやって来る》

日本でタバコの栽培が始まったのは、一六世紀の中頃と言われます。南アメリカ大陸から大西洋を経て、アフリカとヨーロッパへ煙草を持ち帰ります。そして、逆にヨーロッパを出発して、アフリカの喜望峰を周り、インドを経由して、マラッカ海峡を抜け、東アジア全域に伝わったという説です。

別の説もあります。

チリ山脈にポトシ銀山が発見されると、採掘した銀をメキシコで銀貨に鋳造して、中国へ持ち込もうとします。この時に、初めて太平洋を直に横断する航海ルートが開かれました。

「中国に銀を運ぶだけでボロ儲けできる」

スペイン軍艦は、ルソン島マニラを武力で陥れ、根拠地として支配します。タバコもこの時一緒に太平洋を横断してきたという説です。

時は明の時代、モンゴル族の来襲から首都北京を守るため、明にとっては北方守備が喫緊の課題でした。万里の長城を今の形に整備する大土木工事を行ったのもこの時代です。遠い土地で国境を守る兵士達には、大量の食糧・塩・衣服・軍事物質を調達して送る必要もあります。これらに関わる膨大な額の支払いや取り引きには、少量で高額を決済できる銀貨が不可欠でした。その銀を大量に供給したのが、

「南米ポトシ」と「日本の石見」だった訳です。

その後、タバコはアジア中の海域に広がり、華僑世界の中国

煙草の栽培風景

商人や日本人町の日本商人、香料の取引で栄える東南アジアの王族達、ヨーロッパ商人や宣教師などに大人気。その嗜好性・中毒性の強さから大流行。それが、だんだんと庶民の層に裾野を広げていったのです。

国内でいち早くタバコの栽培に取り組んだのが舞鶴城に居を移した太守義久公であったことをご存じの方も多いと思います。以来、関わる武士達の熱心な指導と生産努力、唐人町の御用商人達が繰り広げる販売戦略が相まって、国分タバコの名声は高まりました。

江戸時代から明治・大正・昭和に至るまで、国内最高峰のブランド煙草として、世に君臨したそうです。

「花は霧島」と同じく「煙草は国分」と人々が誇り高く歌うことの由縁は、つまりこういうことだと記憶しておきたいですね。

《この愛の行方を追いかけたい》

〈様がこと　想うて〉
〈好きなタバコも　吸わじ来た〉

この歌詞の眼目は、一人の女性が島を後にして愛しい〈様〉の元へやってくる時の心境や状況をどうイメージするかでしょう。

「この愛がどうなるか知りたい」

「この愛の行方を追いかけたい」

おそらく、聴き手のほとんどがそう思うはず。そして、みんな、この女性に共感的な感情を抱きながら応援したいと思っているのではないでしょうか。

薩摩の国は、人々の支配や異国との関係など様々な事案に対処する必要から、一つ一つの島に代官・附役人・横目等、役目を担う武士を派遣しました。その任期は二年。今とは交通事情が違いますから、たとえ役人と言えど、あるいは既婚・未婚を問わず、おいそれと帰れるものではありません。ここは人生一番の堪え処・頑張り処となるのです。

でも、しかし、やはり、性に関する案件については悩ましいものがあったようです。これが参勤交代に従う江戸勤番であれば、吉原に「遊郭」があり、料理屋・水茶屋・旅籠などの「岡場所」も藩邸近くにありましたが、望むべくも無く・・・。あろうことか、中には権威や暴力を背景に「現地妻」を強要する者や、性犯罪的な行為に及ぶ者もいたようです。島々に残る「悲話」の数々は、被害に遭った女性達の深い哀しみを今に語り継ぎます。

武士と島の娘が恋に落ち、愛を結実できたら素晴らしいことです。若い二人なら、幾多の困難も乗り越えられるでしょう。

また、島の有力者には「この若者なら大丈夫」と、娘を進んで娶らせることもあったそうです。

あるいは、諸般の事情で結婚までは望めなかったけれど、それでも愛しい「様」と生涯を連れ添った姿も数知れずあっただろうと思います。

多くの命を奪ってきた「七島灘」。激しい潮流が発生するこの「荒ぶる海」を渡ることは、文字通り掛け値無しの命がけの行為だったのです。

「好きな煙草も吸わないままやって来た」

今か今かの、そのひたむきな気持ち、純粋な愛。だからこそ、幸せをつかんでほしい。

〈様がこと想うて〉・・・

つよい女性です。

【ちょっと艶話を】

月《つき》のちょっと出《で》を
夜《よ》明《あ》けと思《おも》うて
主《ぬし》を帰《かえ》して
（様《さま》を帰《かえ》して）
おはらハァ
気《き》にかかる

月がちょっと出たのを
夜明けと勘違いして
愛しい方を帰してしまいました
とても気がかりです

劇作家シェイクスピアの作品に、似た場面があります。せっかくですから、「かごんま弁」に訳して楽しみましょう。

♀主《ぬし》さん、最《も》早《へ》行っきゃっとな
朝はまだじゃ、おへんどかい
あん声は
夜に鳴くナイチンゲール
朝告げ鳥のヒバイじゃごわはんど

♂じゃいもんか、あんたヒバイよ
そいよっか見っみれ
やがちゃ、黎明まばゆしじゃ

♀じゃんそかい
あいは月ん明《あ》かいじゃごわはんどかい
主さん、もう少《ちっと》し、居《お》って給《たも》はんか

♂お御《ご》が言《ゆ》ごっじゃっかんね
じゃっどん、やっぱい行かんなら

♀はい主さん、分かいもした
じゃれば、行たっきゃんせ

※ところがところが、ああ勘違い

♀いんにゃあ、
ちょっしもうたぁ
やっぱい、
月のちょっと出
まだ、宵《よい》の最中《さなか》じゃごわはんか
主さん、堪忍《かんにん》しゃったもんせ〜

はい、ロミオとジュリエットの一幕でした。

夜は、ことほど左様に男と女の艶っぽい物語を演出します。〈お御〉と〈主さん〉の夜に、これから先も幸あらんことを！

ということで、まあ、「エロス」のおかげで人類の繁栄が続いている次第ですから、「エロス」をあなどってはならない。ゆめゆめ「エロス」をおろそかにしてはならないと、強くそう思うこの頃です。

《ご存知の方はニンマリでしょう》

もう一つ、気になっている歌を紹介します。

紫明館《しめいかん》から
桜島見れば
歌になります
おはらハァ
絵にもなる

夕べはおいしい料理が並んで、お酒もたんと頂いて、主さんと甘い夜を過ごして、そして迎えた朝、だからもう、るんるんるん。「桜島の景色なら、紫明館から眺めるのが一番よ」

富士の眺めはどこが一番か、『甲斐VS駿河』の争いに終止符を打った小咄に「甲斐で見るより、駿河良い」という有名なオチがあります。

南林寺町から見る

ご存じの方はニンマリでしょう。まあ、ムキになって口論するより、こんな風に、笑い合うのが平和かなと思います。ところで筆者は、「はて、どんなお二方が眺めた景色かな」と、それが気になっています。なので、〈紫明館〉を手掛かりに調査を開始しましょう。

《大門口《だいもんくち》＝でまぐっ》

石灯籠《いづろ》通りを南方向、パース通りに進むと「大門口」と書かれたバス停や道路標示を目にします。一帯を「大門口《だいもんぐち》」と標し始めたのは一八世紀後半、島津重豪公の時代。江戸「吉原」の大門（おおもん）をもじって付けたそうです。

天保年間鹿児島城下絵図屏風
（市立美術館で購入）

薩摩の国にも「七十七万石にふさわしい遊郭を」と、お殿様が手がけて設けた「色街」でした。

重豪公は、三女茂姫が徳川家斉公の正室に嫁ぎ、外様大名ながら、将軍の岳父として影響力が高まります。公自身、若くして全国デビューし、江戸・京都・大阪の文化や経済を理解していました。たびたび長崎に出向き、オランダや中国の「窓」を通して世界の情勢に目配りしていました。

公は武辺に偏りがちだった国許を、文化の面から改革する事業に着手します。天文館の由来となる明時館《めいじかん》を始め、演武館《えんぶかん》・造士館《ぞうしかん》・医学院《いがくいん》など先進的な施設を次々に作り、加えて武士以外の層にも門戸を開いて機会を与えました。

注：武士のパーセンテージが異常に高いため効果は薄かったのですが、にしても、この先見性はすごいと思います。

さて、本題の「大門口」です。重豪公は、どういう目論見で色街作りに乗り出したのでしょうか。それを探るにはモデルとなった、大江戸「吉原」の実情を知っておく必要があります。

《花魁道中《おいらんどうちゅう》》

幕府公認の遊郭吉原は、煌々と灯がともる不夜城でした。最盛期には六千人もの遊女がいたそうで、遊女以外のスタッフを入れると、総勢一万人が暮らす区画でした。

メインストリート「仲の町」を見事な桜並木に仕立てて、ここを歩く絢爛豪華な花魁道中は「江戸の華」と称賛されました。

吉原には二種の客層があって、ひと晩で数十万円という夜見世《よるみせ》の客は、藩主・旗本・商人・坊主などハイソな連中だったようです。では、安い方の昼見世《ひるみせ》の客はどうなのでしょう。

百万都市大江戸、その人口の半数近くが参勤交代に伴う地方の武士達だったそうです。凄まじい数の男達が二年間を独身で過ごすことになる。ということで、やはりそのう、つまりそのう、昼間の吉原に通いました。まして「吉原は見物をしに行くだけ」の、やや手元不如意の武士層もあります。古地図を見ると、どの藩の屋敷近くにも必ず彼らの懐事情に応じた岡場所が確認できます。

注：薩摩藩邸に近い品川宿は幕府黙認の岡場所。薩摩の上京組を顧客に栄えますが、海蔵寺という投げ込み寺が近くにあります。一体何が投げ込まれたのか・・・。

《重豪公の目論見《もくろみ》》

絵図屏風の大門口付近に、松原山南林寺《しょうげんざんなんりんじ》（今は松原神社）が確認できます。門前には「角力芝居」の朱書きも見えます。相撲見物を始め芝居や見世物で賑わい、廓や料理屋・茶屋が並んでいたでしょう。「南林寺参りじゃ」は、信仰心より遊びと観

光に出かける口実・方便でした。

朱書きの文字に、

・角力、芝居

・昔廓（くるわ）遊女屋アリ仍（よりて）今

ニ大門口ト云（いう）

・大門口

・船造場

・ハナミ方舟（はこぶね）などが読めます。

大門口の誕生で、薩摩の国も接待や饗応の時代に移ります。料亭では、上役と部下が酒を注ぎ合う。郷士はみやげ話にする。商人と役人の接待合戦。江戸で遊びを覚えた侍もたびたび訪れる。かつらを付け、変装した禅宗坊主の姿もある。

殿様にしても様々な目算があったでしょう。私娼を一所にまとめて犯罪を減らす意図、郷中で流行る男色（なんしょく）を封じこめようとする狙い、莫大な税収入（要するにピンハネですが）の見込みなどが挙げられます。全国を眺め、色街のうま味を承知して、「我が国許にも」と考えたのではないでしょうか。　当時、百名を超す芸者と遊女が大阪からやってきたそうです。蔵屋敷に近い堂島や曽根崎新地からだろうと見ます。

清滝川と思案橋

南林寺町を流れる清滝川に「思案橋」があります。入るか止めるか思案橋、色街の特徴的な命名ですから、橋の存在は界隈が岡場所だったことの傍証になるわけです。

春苑堂刊『天文館の歴史』の「弦歌さざめく花街大門口」に、明治時代、軒を並べた料亭が紹介されます。青柳楼《あおやぎろう》・万勝《まんしょう》亭《てい》・たた福《ふく》・鶴鳴館《かくめいかん》支店・錦江亭《きんこうてい》・玉川屋《たまがわや》・春日《かすが》・みはらし・桝屋《ますや》などです。

歌詞の〈紫明館〉も、大正・昭和の時代ここにあった料亭でした。おはら節に歌われるほどですから、認知度はそうとう高かったことでしょう。

《見誤ってはいけない》

吉原の出入りは「大門」一つだけでした。街全体を、忍び返しの付いた黒板塀でぐるりと覆い「お歯黒どぶ」という二間堀で囲う二重構造にしました。遊女を逃がさない、不審者の出入りを許さない。外界と完全に隔絶させたわけです。

遊女の多くは値段を付けて売り買いされ、さらにその「性」にまた値段が付けられ、売り買いの対象とされました。何かにつけて次々と借金がかさむシステムなので、とらわれの身から逃れられません。

病に冒された時や老いた先、彼女達の生きる保障があったでしょうか。遊郭の近くに「投げ込み寺」があった由縁をここから導くことができます。

筆者を含め「世の男ども」は色街に煌びやかなイメージを重ねがちです。旅に出て見知らぬ繁華街に繰り出すドキドキ感は否定できません。でも、見誤ってはいけない。

遊女の人生は、その弱みにたかろうと近寄ってくる有象無象《うぞうむぞう》によって、心も体も命までも、蝕まれ奪い尽くされるものでした。

幸せな気分の漂う歌に見えても、この歴史を重ねたとき、彼女達が受けた抑圧と差別の厳しさを思い、深い哀しみを感じてしまいます。

《でも、見誤ってはいけない》

江戸時代、町人文化が一気に花開いたと言われます。武士の世が間もなく終わる、そういう時代の雰囲気を象徴して「粋」という価値観が産声を上げました。哲学・美意識・心意気と言い換えても良いでしょう。深川芸者の洗練された身なりや振舞いを呼んだのが始まりだと解説されます。

けれど、筆者は「これは遊女達が創出した美学・概念だったのでは」と、思っています。これまで縷々《るる》述べてきたように、遊女達は厳しい差別と抑圧を受けた被害者です。確かにそうです。でも、でも、見誤ってはいけない。

底辺に生きる人々の持つエネルギーは、もの凄いものです。来る日も来る日も、求めに応じて体を開きながら、逆に、彼女たちは「世の男ども」を観察していたのではないか、丸裸にされたのは、むしろ「世の男ども」ではなかったか、と見ます。

権勢・経済・暴力・身分・格式。それらを纏ったまま体を重ねようとする相手を、「野暮」・「無粋」と呼びました。人間の「性と相」を見抜く、鋭い眼力を宿していたのです。

逆に「粋」な男には、心底惚れ込みます。紹介した二つの歌から、彼女達の愛と、自由な精神と、人間の真実を受け取るのは不自然でしょうか。

貴族が好んだ貴から賤への蔑視。武士が利用した浄と穢のタブー。儒学も密教も女性を差別する過ちを犯してきました。

律令以来、身分制度は差別と分断を巧みに使い、人々を雁字搦め（がんじがらめ）にしました。それが「世の男ども」が作った「男どもの世」の実相だったようです。

しかし、色街という空間で生きてきた女性達が、二〇〇〇年という過酷な時間をかけ育んだ「粋」の美学の前に、敢えなく敗北するのです。

あとがき

郷土の民謡「おはら節」をガイドに、そこここに生きて暮らす人々に出会う『旅』に出かけて参りました。時空を超え、たくさんな方々としゃべくり、ともに歌い踊り、土地の料理に舌鼓を打ち、旨い焼酎をしこたま飲んだような気持ちです。
しかし、言っていることの意味はだいたい分かるけれど、はて「なぜそうなのか」と、未だに理解できない、もう『難敵』と呼ぶしかない歌もいくつかあります。例えばこんな歌詞です。

朝寝《あさね》ごろ
オハラハー
仕事好《しごとす》かんとの
良か人《よ と》がおいが
奥方持《おかたも》ちゃやはんか

風《かぜ》よけに
オハラハー
二百十日《にひゃくとおか》の
太《ふて》てとがおいが
嫁《よめ》じょもろやはんか

かなりユーモアに溢れた歌だろうと確信しますが、込められた『真実』を理解するには、正直、まだまだ経験も力も不足していると感じています。
ここで、背表紙にちょこんと座る人物を紹介させてください。名前は「知っちょいどん」。全国的な言い方だと「もの知りさん」でしょうか。
さまざまなもの・ことの由来や、地域の歴史とかにすごく詳しくて、皆からの尊敬を集め・さまざまな場面で助言を求められる人物です。
郷土を心から愛する「知っちょいどん」達が続けて来られた活動は計り知れないほど豊かで、例えば子ども達に地域の祭りや行事を伝えたり、地域おこしに役立ったり、地域の未来に勇気を与えたりしています。中には、地理や歴史の教科書に記述されるような先見的な活動事例もあると聞いています。
ところが、中には未熟というか、やや心違えをしているらしい、「悲しき知っちょいどん」も存在するらしく、地元に暮らす人々からは、
♥あん人は、知っちょいどんじゃっでやなぁ♥
♥あんた、知っちょいどんじゃいもんじゃっで♥
と、マイナス評価を伴って紹介されたりします。
その典型が、本編第三話「鹿児島は石の街」に、ちらっと顔を出しています。そう、
「あん頃はよ、伊敷や原良ん辺にゃ、
女郎屋がずんばい、あっせえねえ」
と、わけ知り顔で囁いていたあの人物です。
彼は、祝い事や法事などで親戚が集まる時とか、集落の祭り・

行事など顔見知りが集まる場とかを、とても楽しみにしています。彼の願いは一つだけ。これまでの知識や経験をフル動員して、今日こそは「面白いねえ」「なるほどそういうことだったのか」と、頷いてほしい。うっとり聞き入ってほしい。

おそらく、コミュニケーションの取り方に若干の問題があるのかも知れません。毎度なかなか、やっぱり、さっぱり、思った通り・願った通りにならない。そういうジレンマを抱える人物・・・。

あっ、バレましたか。私こそ「悲しき知っちょいどん」の一人と自覚し、反省しきりの毎日です。

ですから、本に書かれた半分は眉唾もの。信用するのも・・と、重ねて束ねてお願い申し上げます。

本書は、鹿児島県霧島市で二〇年に渡り発行を重ねるテイクフリー誌「モシターンきりしま」に、二〇一八年から二〇二〇年にかけて連載した「おてっちき　鹿児島　おはら節」に修正・加筆し、「蘇鉄味噌」などの稿を仲間入りさせ編集したものです。

国分進行堂の赤塚恒久さんには、毎回毎回の細やかなアドバイスに加え、ときに写真の提供にも応じて頂きました。感謝の気持ちで一杯です。

デザインを手がけた永田小夜子さんには、あれこれ無理な注文をしちゃったなあと、今になって反省しています。にも関わらず、いつもきちっと応える誠実な仕事ぶりに、心からの敬意を表します。

県立図書館長の原口泉先生には、序文を寄せて頂きました。

皆が尊敬する「キング・オブ・知っちょいどん」と呼ぶべき歴史の専門家からご意見を頂けるなんて、もう、踊り出したいほどの喜びです。

遠い津軽、五所川原で暮らす高橋睦子さんには、「解説のようなもの」（本人曰く）を書いて頂きました。「オールウェイズ・アンド・フォーエバー」文芸研の仲間の温かい励ましが胸に沁みます。

そして最後に、私の拙い稿を世に発表する道筋を拓いてくださった、歴史研究家林重太先生（二〇一八年逝去）とのご縁に感謝し、この場をお借りしてお礼の気持ちをお伝えしたいと思います。

林　竜一郎

二〇二〇年　新型ウィルスの夏に

ふるさとはこんなにも豊か

◇「おてっちき鹿児島おはら節」との出会い

昨年、文芸研（国語の民間教育団体）の仲間である林さんが、自身のおはら節考「おてっちき鹿児島おはら節」が掲載されたタウン誌を送って下さいました。その内容があまりにおもしろかったものですから「モシターンきりしま」の編集部に購読したい旨お願いをし、月一冊ずつ届くのを楽しみに過ごしてきました。

私はこれまで三回、鹿児島で開かれた文芸研の全国大会に参加しています。ですから名所旧跡と呼ばれるところを一カ所ぐらい見ていてもよさそうなものなのですが、主婦のかなしさで毎回とんぼ帰りでした。

今回は、「鹿児島おはら節」を読むことで、どんな観光バスに乗るより楽しく鹿児島を堪能できたような気がしています。林さんが、連載の第一回で書いている『おはら節を手がかりに、鹿児島の風土を想像する旅を始めましょう』のお誘いにのり、ゆったりと旅を楽しみました。よくある、ふるさとの歴史散歩、観光ガイドブックなどとは一味も二味もちがう、「土地の人の生き方」まで見えてくる旅でした。

◇林流語り

「おてっちき」は、語りのテンポが絶妙でどんどんひきこまれていきます。そこへ肩すかしを食わせるように艶めいた話が入り、ここが大切という箇所ではきっちりと数字による説得。「これはどういうこと?・」と疑問を持つあたりに、ほどよい解説が入ります。

活字はずいぶん小さかったのに、老眼鏡なしですらすらと読み進められたのが不思議でした。

「おてっちき　鹿児島おはら節」の「おてっちき」は、「充分に」「思う存分」を意味する言葉だとか。鹿児島を心ゆくまで楽しめたのは、林さん独特の語り口のおかげかもしれません。

◇直訳と意訳　そして　解釈

ツワの一日干《ひしてほ》しゃ　豆腐《おかべ》としめて
好きな二才《にせ》どんと　おはらハァー　丘登り《おかのぼりい》

　ツワブキの一日干したのを
　豆腐といっしょに煮しめて
　大好きなあの方と
　丘に登りますよ、うふん

前段二行が、おはら節の歌詞の紹介。後段の四行が、鹿児島弁を理解できない読者のための共通語訳・・・謂わば『直訳』。「なるほど」と意味が分かります。ここまでで終わるなら、翻訳ロ

ボットにもできそう。(ロボットが「うふん」と訳すかどうかは別として)

林さんの真骨頂は、このあとに続く解説にあると思います。歌の背景となっている時代や慣習、文化・・・たくさんの要素をもりこみながらおはら節の世界を意味づけて読者に伝えてくれています。『直訳』に対しては『意訳』という言葉がありますが、それを超えた『解釈』といっていいように思います。

第四回の『学徒出陣』

様(さま)は二十一　徴兵検査

検査(けさ)が通れば　おはら　ハァ

行かんならぬ

の解釈をぜひ、読み返していただきたいと思います。《視点》(だれの目から、だれの立場から)を切り口にして、現代の政治にまで言及しています。この解釈からは、世のきまりの無慈悲さに対する憂い、怒りが伝わってきます。

故人になられましたが、文芸研の会長、西郷先生に「解釈する」ということについて次のように学びました。

①解釈は、人それぞれ、十人十色。

②(だが)それらの解釈や意味づけの中で、どれが最も豊かで深いか、おもしろいかが肝要

③(さらにいうなら)その解釈が、今日における読者に切実に関わってくるものであるかどうかも忘れてはならない。

民謡といえども、いや民衆の思いを表す民謡だからこそ、単なる直訳で終わらせてはならないのだと思います。

◇見たい　聞きたい　たしかめたい

第11回の〈明治前夜〉〈・・・見えた見えたよ　松原越しに／丸に十の字のおはらハァ／帆が見えた〉の解釈の中で、林さんは視点人物に重なって次のように叫んでいます。「松原」「丸に十の字」「帆」。ああ知りたい、妄想が・・・スイッチオン。

読んでいて、思わず吹き出してしまいました。どの回を読んでも感じる、知りたい、自分の目で確かめたい、この手で触れたい、この耳で聞きたい・・・という林さんのものごとを突き詰めたいという思いが言葉になってあふれ出たのだと思いました。

アウトドア派ではない私にも、同じような思いがあふれ出たことがありました。（失敗談です）

興味の対象は、地元の古文書学習会が出したブックレットに書いてあった「笏谷石《しゃくだにいし》」でした。鰺ヶ沢という湊町にある神社の石段の敷石として笏谷石という福井産の石が使われていて、それは雨に濡れると深い青色になるというのです。これを福井ブルーと呼ぶとも。日本海運を担った北前船によってもたらされた石が、青森の日本海に面した湊町の参道でブルーに輝いている・・・ただただこれを見たさに汗をふきながら石段を上っていきましたが、どこを見渡してもブルーの石はみあたりませんでした。みあたらなかったのではなく、足の下にあっても気づかなかっただけなのです。思えばその日は晴天。もし雨に濡れていたとしても、私が思い描いた青さではなく、ごくごくかすかなブルーだったことでしょう。

こつこつと研究を続け、経験と知識を積み重ねた人にだけ見えるものがあります。ものごとの断片をつまみ食いのようにしている人間の前には何もあらわれてくれないのだと思いました。

◇さいごに

タイトルを「ふるさとはこんなにも豊か」としたのは、林さんが鹿児島の自然、文化、歴史、芸能等々を丹念に調べ、意味づけてきたことに値うちを感じるからです。その場しのぎではなく、実に丹念に。

津軽では「丹念に」「丁寧に」を表す「までぇに」と言う言葉があります。どこに暮らしても、までぇに暮らすことでその地は豊かなふるさとになるのでしょう。

青森　高橋　睦子

おてっちき　鹿児島おはら節

2020年9月28日　第一刷発行

著　者　林　竜一郎

発行者　赤塚　恒久

発行所　国分進行堂

〒899-4332
鹿児島県霧島市国分中央3丁目16–33
電話　0995–45–1015
振替口座　0185–430–当座373
URL　http://www5.synapse.ne.jp/shinkodo/
E-MAIL　shin_s_sb@po2.synapse.ne.jp

印刷・製本　株式会社 国分進行堂

定価はカバーに表示しています
乱丁・落丁はお取り替えします

ISBN978-4-9910875-6-1